現代社会の中の
自己・アイデンティティ

Self and Identity in contemporary society

梶田叡一・中間玲子・佐藤 德●編著
KAJITA Eiichi　NAKAMA Reiko　SATO Atsushi

金子書房

は　じ　め　に

　人間は誰もが個別の「自己」を生きる。そんな人間にとって「自己」とは，無視することができない，こだわらざるをえない問題である。それゆえ，「自己」は古来より，多くの知者の心をとらえ，学問的探究も積み重ねられてきた。
　心理学においても，人間性や生き方を問う興味・関心のもと，自己やアイデンティティに対する研究は発展・展開してきた。とはいえ，心理学が「科学的」「客観的」であることの実現に専心していた20世紀半ばまでは，自己やアイデンティティといったテーマが心理学研究の主流になることはなかった。そもそも，内面性や個人の主観的体験となる意識が顧みられることもなかった。心理学において個人の内面性，主観的世界を射程に入れた研究が始まったのは，生きる人間の有り様，人間の生き方を論じようとする機運が高まった1950年代以降である。自己や自己意識に関する研究も，これより本格的に着手されることとなった。
　それをもたらしたのは，対象をどう認知するかに関するゲシュタルト心理学の知見を自己に対しても応用したスニッグとコームズや，「私たちは自分自身についても態度を有している」と自己を態度の対象としたローゼンバーグの例にあるように，自己が心理学の「対象」となりうることへの気づきだったのかもしれない。いや，今田恵が「否定しても存在するものは存在する」と述べたように，真に人間を理解しようとしたときに生じる必然的なパラダイム転換であったのかもしれない。当初は行動主義に傾倒していたものの次第にそれに対する疑問を深めていたマズローが，最初の子どもが生まれたことによって行動主義からの訣別を確信したという劇的なプロセスは，その展開を象徴するかのようである。
　いずれにせよそこには，私たちが生きる上で看過することのできない，梶田叡一の言葉を借りるならば，こだわらざるをえない「私」という存在へのまな

ざしがある。それは，私たちがいかに「私」を生きているのかという，生き方の探究でもある。

　ところで，私たちの自己やアイデンティティは，個人が社会と関わるなかで形成される。私たちは自らが生み落とされた社会を既に生きている大人たちから，意図的あるいは無意図的に社会化の促しを受け，その過程において，その社会において共有される文化や価値基準を内在化させる。成長とともにそれら価値基準を自ら取捨選択あるいは適用する範囲は徐々に広がっていき，自分なりの信念や価値観を構築し，それに基づいた人生を展望するに至る。このことに気づくとき，自己やアイデンティティを「現代社会における」という文脈において論じることの必要性が理解されよう。

　現代社会の状況は，しばしば，「変化の激しい」「激動」「流動」といった言葉によって特徴づけられる。私たちはそれまでの世代が生きていた社会的状況とは異なる状況を生きなければならない。キャリアという言葉が人口に膾炙した2000年頃から，日本のみならず世界全体において「生き方」の転換が指摘され，模索されている。たとえば職業生活の形成に関して，構造に頼るのではなく行為に頼る形で，ある境界内にとどまらない変化を基盤とした関係志向的な働き方である「バウンダリーレス・キャリア」などの言葉があった。「プロテウス（変幻自在の）・キャリア」とも表現された。それらはいずれも，現代社会における新たなキャリアの様相を抽出したものであり，それまでの安定した構造の中を生きるというキャリアとは一線を画するものである。

　そのような状況の中で，私たちはいかに自己やアイデンティティを形成し，生きているのだろうか。おそらくそれまでとは違った自己やアイデンティティの様相が指摘されることだろう。そしてそれらが，私たちの「生（life）」においていかなる意味をもつのかも変わってきているのではないか。社会の安定した大きな価値基準が揺らいでいる場合，その過程はどのように展開されるのだろうか。コテは，社会における規範的構造（役割や地位など）の消失がアイデンティティ形成を複雑にしていると述べる。

　加えていうならば，自己やアイデンティティという概念自体，問い直しがなされて久しい。とりわけ重要な指摘は，自己やアイデンティティを，時間や空間を超えてある一貫したものとしてとらえることへの疑義である。自己やアイ

デンティティは，ある中核的なところを有する単一構造へと形成されると考えられていたのに対し，自己やアイデンティティの多次元性，流動性，状況依存性が指摘されるようになっている。

このような背景のもと，本書は，現代社会における自己やアイデンティティについて議論すべく，企画された。本書は，以下の各論を通して，従来の自己やアイデンティティに関する理論との比較も行いながら，現代社会における自己やアイデンティティの心理的意味を明らかにする。

1章から3章は，自己・アイデンティティの形成に関するものである。従来の自己やアイデンティティの形成に関する理論を踏まえながら，現代社会という文脈を考慮したときにどのような視座が開けるのかが議論される。

1章（中間玲子）においては，主体的に生きるとはどういうことかという問題が論議される。これは，経験的主体としての「自己」とは何かという問題でもある。だが，近代的自我の確立は，明治期から現在にいたるまで，日本人にとって独特の困難を伴うものとなっていた。その実情の中で，日本における自己の形成過程の特質が考察される。

2章（溝上慎一）においては，まず氏の展開する現代青年期論を基盤に，エリクソンのアイデンティティ論の位置づけがなされる。だが，その理論的限界について，現代社会の実情，すなわち現代的なアイデンティティの特徴と関連づけられる形で提示される。それを通して，現代社会におけるアイデンティティ形成の特徴が論じられる。

3章（岡本祐子）では，アイデンティティ発達は青年期固有の問題ではなく生涯発達的な課題であることが確認される。そして成人中期の課題とされる「世代継承性」に焦点を当てたとき，アイデンティティ形成過程にどのような視座が開けるのかが論じられる。

4章から6章は，現代社会の中で，各自が「私」という存在を，どのように生きているのかが議論される。

私たちは，個人が望むと望まざるとにかかわらず，何らかの社会的属性としてのラベルも引き受ける形で自己やアイデンティティを形成する。それは社会との相互作用の中でより強化されもする。4章（安達智子）では，ジェンダーという観点から，その現実をどう生きるかが論じられる。

5章（野村晴夫）では，高齢者の語りを通してその人が生きるアイデンティティの様相が描かれる。そこでは，語ること——「何を語るか」のみならず「いかに語るか」——と生きることのつながりが論じられ，さらに，現代社会における高齢期の多様性についても考察される。

6章（浅野智彦）では，「流動化」する現代社会において，自己やアイデンティティはそれ以前の様態から変化せざるをえないことが確認される。そして，現在の若者が生きる自己やアイデンティティ，ひいては生きる上で負っている倫理的問題とはいかなるものであるかが論じられる。

7章から9章においては，それまでの議論で共有されている「自己」「アイデンティティ」において前提となっている枠組みを超えた視点からの論考が展開される。そこでは，「自己」「アイデンティティ」は果たして主体なのか，能動的に獲得あるいは形成しうるものなのかが再考されよう。

7章（伊藤義徳）では，「マインドフルネス」という概念が論じられる。それは，自分が今まさに経験していることに意図的に注意を向けることで進む様々な気づきである。もともと仏教の実践の中で重視されてきた認知のあり方であり，諸行無常という世界観や「無我」「我執」といった視点も提示される。それによって，「自己意識」の意味が再考される。

8章（森岡正芳）では，「自分を忘れるという形で現れる」自己が論じられる。そこでは，「中心化－脱中心化」という半ば緊張を伴う運動プロセスとして自己の形成過程が論じられ，その過程において「自己を手放す」，すなわち，それまでの自己の「死」が経験されることが指摘される。

9章（佐藤徳）では，共感や思いやりの送り先は偏っているという，人間が有する特質が豊富な研究結果から提示される。この特質は，異質な他者と数多く出合わざるをえない現代社会において生じる悲劇につながりかねない。それをいかに克服するか，ここでも人間の特質についての洞察が展開し，その中で，自己という存在自体が相対化されることとなる。

終章，「現代社会におけるアイデンティティ」（梶田叡一）は，本書全体の総括的な意味合いをもつものであり，本書全体がいかなる問題意識に取り組んだものであるかを提示する象徴的な章となっている。それまでの論考が，氏の視点から再構成されており，自己意識論，視点の移動（ないしは視野の広がり）

に伴って展開する自己・アイデンティティ概念の意味の多様性を味わうことができる。

　かつて，社会の中での位置づけに応じた社会的アイデンティティがそのまま本人のとらえる自己アイデンティティとして生きられた時代があった。だが流動的で複雑化した現代社会においては，固定した一つの社会的アイデンティティを自己アイデンティティとして生きることは難しい。人は，多元的で多層的な構造を様々に往来し，その都度異なる自分を生きている。社会的アイデンティティの性質自体，固定的で安定した一枚岩のものというよりは，各自が身を置く状況との関数によって変動しうる，多様な様相を呈するものとなっている。このような状況下において想定しうる個人の生き方を貫く超文脈的な自己定義は何だろう。氏は，「志としてのアイデンティティ」という視点を提起する。

　このように，各章の著者が，自己・アイデンティティについてそれぞれの立場から多様に論を展開している。また，章の構成やトーンも多様である。その点では，表面的にはあまり統一性のない構成に思われるかもしれない。そもそも，本書は何らかの統一したメッセージを発することを意図してはいない。各自の基準で，読みたいところから読み進めてもらえばと思う。

　だが，いずれも，自己・アイデンティティを，実際の「生（life）」「生きる（live）」という現実とつなぎ合わせて論じている点は共通している。生きることについての視座が端々にちりばめられた本書を通して，自己やアイデンティティの探究およびその成果が，私たちが生きる上でのいかなる「知恵」となりうるのかを模索することができるかもしれない。また，もともと生き方の問題として研究されてきた自己やアイデンティティをめぐる論考が，読者諸氏における自己やアイデンティティに対する探究への関心を誘発することができれば嬉しく思う。そして，何らかの共感や反論をいただければ幸甚である。

　なお，本書の作成にあたっては，金子書房の池内邦子さんに多大なお力添えをいただいた。企画段階からじっくりと議論におつきあいくださり，また，製作過程においても，折りに触れて，励ましをくださったり，時には力強く牽引してくださったりした。彼女への心からの御礼を申し上げたい。

平成 28 年 7 月　　中間玲子

目 次

はじめに　i

I　自己・アイデンティティをつくる

1章　日本人の自己と主体性……………………………………中間玲子　2
　はじめに　2
　1．主体性とは　5
　2．日本人の主体性とは　10
　3．アモルフ的自我による主体性の陥穽　13

2章　青年期はアイデンティティ形成の時期である……………溝上慎一　21
　はじめに　21
　1．アイデンティティ形成論の登場前史　21
　2．自我の発見からアイデンティティ形成へ　25
　3．現代のアイデンティティ形成論　27
　4．国際的に見た日本人のアイデンティティ　33
　まとめ　36

**3章　アイデンティティから世代継承性へ：
　　　　世代を超えたアイデンティティの生成と継承**……………岡本祐子　42
　1．時代と社会を映す鏡としての「アイデンティティ」　42
　2．現代社会の変化がアイデンティティ形成に及ぼす問題：高度情報化社会の負の側面　44
　3．アイデンティティの世代継承　47
　4．世代を超えたアイデンティティの継承における課題　54

II 自己・アイデンティティを生きる

4章　現代社会におけるキャリアとジェンダー ……………………安達智子　58
1. 心理社会的な性，ジェンダー　58
2. 男らしさと女らしさ　60
3. 幼少時からはじまる男女の棲み分け　61
4. 性役割分業　63
5. ジェンダーに囚われない生き方　66

5章　高齢者のアイデンティティ：ライフヒストリーの生成と変容 …野村晴夫　71
1. 日本の高齢者の社会的背景　71
2. 高齢期のアイデンティティと語り　73
3. アイデンティティを支えるライフヒストリー　75
4. ライフヒストリーの生成　77
5. ライフヒストリーの変容　79
6. 高齢期のライフヒストリーと臨床　81
7. 現代社会における高齢者のアイデンティティ　83

6章　流動的社会の中のアイデンティティ ……………………浅野智彦　86
1. 社会学的自己論とアイデンティティ　86
2. 社会の流動化と自己の変容　90
3. 多元化する自己　97

III 自己・アイデンティティを超える

7章　マインドフルネスと自己：自己の心理学は人を救えるか？ …伊藤義徳　108
1. マインドフルネス　108
2. 仏教における自己の問題　114

最後に　123

8章　自己形成に内包する死と生 …………………………… 森岡正芳　129
　はじめに　129
　1．自我を物語の中に沈める　129
　2．私は私であるが自己意識的でない　130
　3．中心化と脱中心化の運動　132
　4．がれきは自己である　133
　5．問いの中の自己　135
　6．中心化‐脱中心化による自己の回復　139
　7．実践の中で自己を使う　141
　むすびに　142

9章　内と外を超える　多文化共生社会における自己 …………… 佐藤 德　144
　1．共感の偏り　145
　2．偏りをいかに克服するか　154
　おわりに：超越の内在　161

Ⅳ　これからの時代の自己・アイデンティティ

終章　現代社会におけるアイデンティティ：
　　　　マルチな在り方と新たな統合の道と ……………………… 梶田叡一　172
　1．自己概念・自己物語・アイデンティティ　172
　2．「自立した個」を基本とする現代社会でのアイデンティティの在り方とは　174
　3．「位置付けのアイデンティティ」から「宣言としてのアイデンティティ」への転換　177
　4．一元的ペルソナ＝一元的アイデンティティから多面的ペルソナ，あるいは多元的アイデンティティへの転換　179
　5．現代社会における「志としてのアイデンティティ」の可能性　181
　6．「本来の自己としてのアイデンティティ」の自覚へ　182

人名索引…………………………………………………………………………… 187

事項索引…………………………………………………………………………… 190

I

自己・アイデンティティをつくる

1章
日本人の自己と主体性

中間玲子

はじめに

　「主体性」は，今日，大学教育における「主体的な学び」の問題をはじめ（文部科学省，2012a），「生きる力」の育成（文部科学省，2012b，2012c），キャリア形成（中央教育審議会，2009；日本経済団体連合会，2006），国際社会を生きる人材の育成（初等中等教育における国際教育推進検討会，2005）など，我が国の教育が取り組むべき最も重要なキーワードの1つとなっている。

　だが，何をもって「主体的である」とされるのだろうか。「主体性」とはいったいいかなるものとして理解されているのだろうか。試しに，CiNiiで題目に「主体性」を含む文献を検索すると，2,362本の文献が紹介される（2015年11月26日）。そしてその際，「主体性」という言葉がいかなる言葉とともに用いられているのかをざっと分析してみると，表1-1のようになる[注1]。総合すると，「働きかけ」が主要トピックとなっていること，「主体性」とは，様々な文脈において，作られ，育まれ，高められ，そして発揮されるべきものと認識されており，そのための様々な検討がなされていることがうかがえる。

　では，それぞれの論文において，「主体性」はいかなる意味で用いられているのだろうか。語の英訳の仕方を手がかりに検討してみると，その言葉の多義性や曖昧さが浮き彫りになる。上記2,362本の論文のうち，欧文訳のタイトルが付与されていた563本の論文について「主体性」がいかなる英訳を与えられているのかを検討してみると，表1-2の通りであった。最も多いのはsubjectに関する語であった。これは，そもそも「主体性」の前にある概念，すなわち「主体」という語の出自によるところが大きいだろう。「主体」という言葉は，ラテン語のsubjectumに由来する，subject（英語），sujet（仏語），Subjekt

表 1-1 「主体性」という言葉を有する論文題目で用いられる語

語の種類	語の具体例	頻出回数
a. 概念検討に関する言葉	（下記 a1～a2）	1,695
a1. 研究課題に関する言葉	「研究」,「問題」,「考察」,「課題」,「意味」など	1,405
a2. 類似概念や複合語となる言葉	「生命」,「権利」,「自主」,「自由」,「自律」,「自立」,「責任」,「自治」など	290
b. 重要性に関する言葉	「尊重」,「重視」,「求める」,「めざす」,「大切」など	211
c. 働きかけに関する動詞	（下記 c1～c2）	1,093
c1. 育成や向上に関する語	「育む/育てる」,「作る」,「高める」,「確立」,「形成」,「支える」,「伸ばす」など	739
c2. 実現や発揮, 保持に関する語	「発揮」,「引き出す」,「生かす」,「もつ」,「ある」など	354
d. 働きかけの文脈に関する言葉	（下記 d1～d4）	2,315
d1. 取り組まれる組織や場に関する言葉	「社会」,「地域」,「学校」,「行政」,「環境」など	362
d2. 取り組みや手立ての内容に関する言葉	「指導」,「連携」,「カリキュラム」,「授業」,「方法」,「関わり」,「工夫」など	555
d3. 実践の文脈, 活動, 行為に関わる言葉	「教育」,「看護」,「学習」,「実践」,「活動」,「実習」,「労働」,「参加」など	763
d4. 働きかけの対象, 行為者, 所有者に関する言葉	「子ども」,「学生」,「生徒」,「人間」,「患者」など	635
e. 喪失, 欠如に関する言葉	「失う」,「欠如」,「疎外」など	48
f. その他	（下記 f1～f6）	2,006
f1. 固有名詞	地名, 人名, 組織名など	290
f2. 副詞	「どう」,「いかに」,「共に」など	28
f3. 名詞	「経験」,「世界」,「共同」,「知覚」,「統合」,「組合」,「内容」,「革命」,「態度」など	1,409
f4. 形容詞	「新しい」,「楽しい」,「広い」など	17
f5. 形容動詞	「可能」,「健康」,「新た」など	97
f6. 動詞	「立つ」,「通じる」,「読む」,「応じる」など	165
g. 意味不定, 分類不能	助詞, 接頭辞, 接尾辞など	4,072

（独語）の訳語として明治以降の近代化において創り出された翻訳語であった。次に多いのが，independence, autonomy であり，その後，self, agency, initiative となっている。この使い分けは決して文脈によって規定されているわけではなかった。たとえば「支援」という言葉が伴うものに限定した場合であっても主体性は，subject, self, independence, autonomy, agency など多様に訳されていた。

　これらから推測されるのは，日本語の「主体性」は，非常に多義的で混沌と

I 自己・アイデンティティをつくる

表 1-2 「主体性」という語に割り当てられた英語

語の種類	語の具体例（派生語や言い回し）	頻出回数
subject	subject / subjecthood / subjective / subjectivite / subjectivity / subjektivitat / sujet	222
intersubject	intersubjectivity	5
independence	independence, independency, independent / the ability to act independently	73
autonomy	autonomy/ autonomic/ autonomous + response, participation, action, learning, concerning	54
self, one's own	self/ one's own self/ self + centered, determination, directed, direction, esteem, motivation; one's own + ability, direction, judgement; base of one's mind student-centered / students	34
agency	agency	21
initiative	initiative	18
identity	identity	11
shutai	shutaisei/ shutai subjekt	11
active	activism/ activity / active + commitment, learning, participation	8
individuality	individuality	8
positivity	positive + attitude, motivation	7
proactivity	proactivity/ proactive + attitude	5
responsibility	responsibility/ responsible	5
spontaneity	spontaneity	5
voluntary	voluntary + activity	4
その他	right/ leadership / motivation / participation / learning/ activities / need / aggressiveness / commitment / decision making unit / diplomacy / dominant characteristics/ empowerment / engagement / free will / government / management /	20
複合語	subjectivity and autonumus / subjectivity and independence / independence and autonomy	5
訳に該当する語のないもの		47

した定義のもとに，大まかな意味合いだけが共有されているということである。

それはいかなる意味合いだろうか。subject という言葉は，もともと，「主観」を意味する認識論における用語であったが，その意味は様々な変遷を経て，今日では，「行為の場面における『行為主体』としての，つまり社会状況

の中で実存し行動するエイジェントとしての自己を指すようになった」(木村, 1994, p. 25)とされる。「主体性」には,まず,そのような「行為主体」としての性質という意味がある。

ただし,主体性の訳語として,subject に続いて多用されているのが independence, autonomy であることをふまえると,我々が「主体性」という言葉に対して共有している意味合いは,単に「行動する主体」ということにとどまらず,その行動の仕方が,「自律的」「独立的」であることも含意することが示唆される。initiative という言葉にも,先取のといった意味がある。self-directed や one's own といった言葉によって表現される場合はさらに象徴的で,他に依らず,独立した個としての自己に基づく決定に従って行動するという意味が直接的に表現される。

また,上記検討の過程では,日本語の「主体性」に該当する英語が示されない場合も少なくないこともわかった。これより「主体性」はもともとはドイツやフランスの哲学用語の訳語であったにもかかわらず,今日においては,日本語の「主体性」を言い当てる訳が見当たらない事態が生じていることが指摘された。ここから推測されるのは,日本語の「主体性」は,西洋哲学を基礎としたデノテーションを主流としながらも,翻訳過程の問題も介在し,それを多義的に読み解く独自のコノテーションをもつ場合も少なくないということである。

では,主体性の形成とはいかに,どのような状態として実現されるのだろうか。本章では,「主体性」という語の意味を検討し,日本において主体性を育成・形成することにおける課題と展望について論考する。

1. 主体性とは

(1) 主体―subjectum―の変遷

「主体性」「主体的」という言葉は,「主体」としての性質を有していることに関する名詞および形容詞である。ならば,「主体性」を議論する際,そもそも「主体」とは何かがまず問われる。

主体のもともとの言葉である subject は,ものの観方に密接に関連する言葉であった。それは一般には「主観」と呼ばれる概念であり,ここでいう「主観」概念の由来は,デカルト(Descartes, R.)の「我 ego=Ich」概念にある。

デカルトは，哲学の出発点を「思惟するもの res cogitans」としての「我 ego」におき，そしてその思惟を担う「精神 mens」と「物体／身体 corpus」とをともに「実体 substantia」であると論じた。これは，実に大きなことであった。なぜならば，デカルト以前における「実体」[注2]とは，対象の元または奥にあり，それ（対象）を成立させている規定不可能なものとされていたからである。デカルトが，思惟／精神とその対象となる物体／身体もまた実体とみなしたことは，「思惟する人間（すなわち「主体」）こそが実体だと宣言したようなもの」（小林，2010，p. 27）であったとされる。

デカルトの「我 ego=Ich」，すなわち，人間の意識としての「主観」は，「超越論的主観性 Transzendentale Subjektivitat」を主題化して認識論の中心に据えたカント（Kant, I）によって「Subjekt」と等置された（『純粋理性批判』B68，B132）（小林，2010，pp. 30-31 より）。そこにおいては，人間の意識としての「主観」こそが対象を成立させているもの，すなわち，すべての現象ひいては人間認識のいわば元締めとして君臨する「実体」とされた。

(2)「主体性」議論の意義

カントにおける「主観」概念がコペルニクス的転回と呼ばれるほどの大きな意味をもつのは，その概念がそれまでの世界観を覆すものであったからである。それは，物事の起点を自己の内においてみるという転換であった。それ以前，主観というものは，物事の成立において従属的立場に置かれていた。しかしながらカントの「主観」概念の提起によって，主観というものは物事の成立をそれ自身によって決定づける自律的な存在とみなされるようになった。

この転換の意味を認識することは，今日の「主体性」議論を理解する上で非常に重要である。なぜなら，主体性の議論は，それ以外によって規定される事態との対比を暗黙の前提としているからである。たとえば林は，「主体性」とは何かについて，立場の違いによって「人間における社会的・経済的・歴史的に決定し尽くされない何か」「生物学や心理学の近頃の成果によって（取り出される）何か超社会的，超階級的なもの」と異なるものの，それらはいずれも社会の経済的構造が他の一切を決定するという唯物史観の考え方を修正もしくは補足しようとする仕方であると述べている（清水ら，1948，p. 20）。

人間の行為の決定権を自己以外のところに置く考え方（たとえば環境決定論や生物学的決定論，社会的決定論など）に対して，意志・意図による「自由」な選択による決定権を重視する考え方として，主体性の議論は存在する。

(3) 心理学における「主体」の検討

心理学における「主体」の検討は，大きく2つの流れにおいて展開された。

1つは，精神分析学や人格心理学において言及される，「自我」概念についての探究である。これは，「主体とは何か」に対し，直接的に答えようとするものといえる。

1981年の『新版心理学事典』における「自我」（北村，1981）は，「広義では人の行動と，意識を含む心的経験の主体と認められるもの，および主体と同じような意義を与えられる客体的な心的内容をいう。主体的自我と客体的自己に分けられる」（p. 278）と説明される。そして，「主体的自我（subjective self）」の機能として，「1）行動や心的活動の発動者として，経験全体を自分に属するものとそうでないものとに識別し，自我の発動によるものには責任を感じさせる。2）自分の行動の経過を副次的に感知し，観察し，それに制御を加える。3）理想をたて，自分にとって価値あるものを擁護し，自己を批判し，目的達成や自己実現をはかる。4）社会における個人の独自の創意的な行動の基盤となる」という4点があげられている。主体性の訳としてみられる「agency」や「independent」「initiative」「voluntary」「spontaneous」という語は，この1）の機能に注目したものといえよう。活動の始点たる存在としての「主体」の強調である。

また，ハルトマン（Hartmann, 1958）やエリクソン（Erikson, 1959）など精神分析学的自我心理学の流れにおいては，自我は，人格の各精神機能を統合する機能を有する，積極的に人格を創造する機能を担う主体とされ，健康な人格や人格の成熟を考える上で中核的な概念として位置づけられている。

もう1つの流れは，行動過程を解明する上で想定せざるを得ない，「自己」の要因についての検討である。代表的なのが，内発的動機づけをめぐる議論である。小さい子どもは何に対しても好奇心旺盛で，新しいことや珍しいものを求め，熱心に学ぼうとする。それは，環境学的決定論（行動理論）や生物学

的決定論（ホメオスタシス）あるいは本能理論によっては説明しきれない行動原理であり、「活動することそれ自体がその活動の目的であるような行為の過程、つまり、活動それ自体に内在する報酬のために行う行為の過程」（Deci & Flaste, 1995/1999, p. 27）と説明される。つまり内発的動機づけは、外からの働きかけではなく、自らがその活動に価値を見出し、その活動へと自らを動機づけている状態である。このような行為過程を考えるとき、活動に引きつけられその行為を実現させる何らかの要因を自己の内に想定せざるを得なくなる。

内発的動機づけの源泉として出されたものに、コンピテンス（White, 1959）や自己効力感（Bandura, 1977）など、有能感に関する概念がある。有能であるという感覚をもつことが高度な動機づけの本質的要素であるという考え方である。これに対してデシは「自律性」を強調する。たとえば、有能感を得ることは大事だがそれだけでは十分とはいえず、その活動に関して、自らの意思で自己決定できているという感覚が伴うときに、もっとも高く動機づけられるのだと主張する（Deci & Flaste, 1995/1999）。

前項で述べた「自由」の議論をふまえると、行為の起点が「自己」であるか否かに注目する自律性の欲求は、特に主体性と関わりの深い概念であるといえよう。有能感に着目するバンデューラ（Bandura, 2006）も、主体性（agency）に関わる中核的要素としては、行為に関する意図性（意図に基づいた行為を志向・計画すること）、先見性（行動を導くような目標や結果を表象化すること）、自己の反応性（自己制御を行い、行為を適切に方向づけ、遂行すること）、自己省察（行為を振り返り、意味を検討すること）、をあげている。それらはいずれも、ある行動を、偶発的に引き起こされた無意味なものではなく、個人の意図に基づく意味ある行為とすることに貢献する。

(4) 主体性議論が前提とする「自己」の特質とは

これまでのことをふまえると、「主体性」とは、個人の意図に基づく意味ある行為を展開する上で大きな役割を果たすものといえる。「自己」以外のものによって様々に行動が規定される状況において、どの程度、自己を起点とする行動を展開できるかという問題ともいえる。主体性に対して「self-directed」「one's own」の語を当てる訳も少なからずみられたが、それも、他ならぬ自己

のものとしてとらえることができる行動という意味を強調したものと理解できる。

　主体的な行動が「自己」をよりどころにする，すなわち本人の「主観」をよりどころとするものであるならば，それは，個人が，自身の行動を自身の主観的枠組みによってとらえた世界との関係において定め，自らの意図に基づいて展開する行動ということになる。その場合，その行動には無限の多様性が想定される。人格発達に対してマイナスと働くような，あるいは，社会秩序を乱すような行動もあてはまることとなろう。にもかかわらず，なぜ「主体性」は望ましいものとして論じられるのだろうか。

　それは，「主体」という言葉が，先述したとおりに自律的な近代的自我としての性質を有する個人という意味合いを含んでおり，「主体性」にはその枠組みにおける人間性という価値が付与されているからである。

　岩本（2007）による分析はこのことを端的に示している。彼女は社会福祉の領域において，「主体性」という言葉がどのような意味合いで用いられてきたのかを分析した。その際，「主体性」概念を整理・分析する視点とされたのは，(1) どのような人間観を有しているか，(2) 望ましいとされる行為，(3) 個の重視をどのように記述しているか，の3点であった。彼女は高齢者福祉領域と障害者福祉・障害児教育領域とに分けて検討を行っているが，結果は類似していた（表1-3）。そして，「主体性」とは，個を重視するという文脈において，

表1-3　社会福祉の領域において用いられる「主体性」という言葉の意味合い
（岩本，2007より作成）

	高齢者福祉領域	障害者福祉・障害児教育領域
人間観に関わるもの	自分の意思をもつこと，および，その意思・判断で行動すること，能動的・理性的であること，自由である（拘束されない，干渉されない）こと	自分の意思をもつことおよび，その意思・判断で行動すること，自分の意思を表現（自己主張や何らかの形で「反応」することを含める）すること，能動的であること，自由（訓練や指導からの解放）であること
望ましいとされる行為	自己選択・自己決定，援助への参加・協力	自己選択，自己決定，社会参加，自立・自律
個の重視	個別処遇，クライエント個々の欲求，その人がその人自身であり続けること	その人らしく生きること

個人を,自由で,意思を持ち,理性的に,能動的に行動するという近代的人間像の観点からとらえられるものであり,その個人が自己選択,自己決定,参加を行うものであることとして語られることが多いとまとめている。

ここからは,主体性の議論は西洋近代的な人間観を前提にしていることが確認される。それゆえ,「主体性を育む」ことには,西洋近代的な自我をどう育むかという問題も伴うことが示唆される。

2. 日本人の主体性とは

(1)「自己観」における差異の存在とそれによって生じる問題

「自己」がいかなるものとして生活や人生に位置づいているのか,すなわち,「自己観」は文化によって異なる。「主体性」の議論において期待される人間観が,西洋近代的な人間像であるということをふまえると,日本における「主体性」の形成が,独特の困難を伴うものであることが予想される。主体性において前提とされているのは,自己を他者から分離した独自の存在としてとらえる自己観であり,「相互独立的自己観」と呼ばれる(Markus & Kitayama, 1991)。一方,日本において優勢とされるのは,それとは異なる「相互協調的自己観」である。そこでは自己は,他者と互いに結びついた人間関係の一部とされる。

「自己観」の違いは,行動様式の基盤となる世界観の違いにつながる。自己観によって,表に現れる行動へと至る心理過程も,行動から示唆される心理過程も異なるとされる。独立的自己観を前提とする場合にはごく自然あるいは適切と思われる行動様式が,協調的自己観を前提とした場合には多大な努力を要したり大きな葛藤をもたらしたりすることがある。

たとえば精神分析の世界観では,個人が各自の判断において理性的,合理的にふるまえる「自己」が想定される。その自己を想定しにくい文化においては,精神分析的な技法のもつ心理的意味はかなり異なる。鑪(2007)は,アメリカで習得した精神分析治療を日本で展開しようとした際に様々な困難に直面したことを述懐する中で,現実の隠蔽や遠まわしのパターンを病理とみなし,その際の抵抗に対する分析や解釈を行う,解釈も直面化も可能な限り行っていくというアメリカのやり方を日本で展開すると,患者・クライエントはそのことで

かえって傷ついたり，萎えたりしてしまうことが観察されたことに触れている。そしてこの事態について，治療者がクライエントの主体的経験の様相や，主体がどのような体験様式をしているかを明確にする質問の形式は，「主体」としての意識が曖昧な者にとっては答えられない問いであり，それを問われることによって被害的になってしまったためではないかと考察している。河合（1976a）も，自己の意思によって決定を行い，それに対して責任を負うという契約の形式において治療関係をとらえる考え方にショックを受けたとし，そのような人間関係を基盤とする西洋生まれの精神分析という技法を日本に導入することは，ほとんど不可能とさえ思われたと語っている。

「契約」をめぐる困難は，別の文脈でも指摘されている。個の確立された欧米と違って，自分の意思をはっきり表現し主張することを躊躇する風潮がある日本では，常に自己の意思を問われ，自己責任によって契約を行うという行動形式がなじまない，むしろ，自分の自由な意志で選択し，決定し，契約を行うことに困難を感じる者が多いという指摘である（池田，1998）。社会福祉領域の空閑（1999）は，1998年に示された，福祉サービスの利用が行政処分である「措置制度」から個人の選択による「契約制度」への転換について，それまでの封建的で抑圧的な色彩の強い援助活動から援助者が対象者を人間として尊重し，同等な立場で問題解決をはかっていこうとする援助活動への重要な変化であるとしながらも，自分の意思によって主体的に選択した「契約」に責任を負うという意識が希薄な場合には，サービス利用者の主体性や自己決定権，選択権が重視されることが新たな困難になると論じている。

(2) 異なる様式の主体性

このような事態について，日本においては西洋的な「主体性」および自己の発達が未熟であるゆえのものととらえることは可能である。だがそれは，日本に独自の主体性の様式があるゆえとする見解もある。

穴田（1998）は，「自己主張ばかりが主体性があることではない。あらゆる人間関係の過程にも主体性はもたれる」（p. 5）と述べ，この独自の主体性それ自体を積極的に解釈し，尊重すべきだと主張する。穴田は，自我（ego）を，個人の行動の独自性や社会改革をもたらす契機ともなる主我（I）と，個人

の社会適応や社会秩序維持の根源となる客我（me）からなるとする社会的自我論をふまえ，主体性はIばかりでなく，meの社会性にもあり，両者が統合されて真の主体性（ego）があるとする。そして，自己主張する際のみならず，社会的生活において関係調整を行う際にも判断主体は存在するのであり，それはIの主体性に対するmeの主体性として理解可能であると述べる。また空閑（1999）は，「日本人の主体性については，個としての人間存在からの理解ではなく，むしろ他者や周囲とのつながり，さらにその関係性をも含んだ存在として，そしてそのような人間存在のあり方（人間観）から見出されてくるもの」（p.123）として理解することが必要であると述べる。

このような様相をかつて浜口（1982）は，「連帯的主体性」，「自他の『間』を介しての主体性」と概念化した。それは，「単独者としてではなく，親しい間柄にあること自体に見出される主体性」であり，「他主体との組織化された行為関連の維持が容易に保たれるような形」で形成されるもの（p.74）と説明される。

（3）アモルファス構造をもつ自我

前項で述べたような独自の様相を呈する主体性において想定される自我構造は，通常の自我構造とは異なる「アモルファス構造」であるとする考え方がある。これは，鑪（1994，1999）による概念であり，「自我内容が組織化されないで外的な順応にすぐれ，一定の現実対処の強さをもっていることにならってつけた用語」（鑪，1999，p.98）とされる。

個人の「個」を中心に，それを基点として人間関係が展開する文化を生きる場合には，内的に自己組織化された自我構造を有することが強制される。それに対して対人関係の場の力動性に敏感にならざるを得ない人間関係が展開する文化を生きる場合，そこに適応するために対人関係の性質や力動性に注目することを多かれ少なかれ強制される。その場合，内的な自我構造や自己の組織化といった自我の中核的構造の発達よりも，むしろ，自我の表層レベルにおいて対人関係の力動性への高い敏感性や感度をもつことを可能にする，自我の皮膚とでもよぶべきところの発達が優先され，結果として，強靱な自我皮膚が発達する一方，内的には一種の空洞ともとらえられるような，流動的でどこにも

自在に変化して順応する液体のようなアモルファスな状態が生まれるとされる。これが，アモルファス構造をもつアモルフ的自我の特徴である。

3．アモルフ的自我による主体性の陥穽

　日本においてアモルフ的自我が形成されているとするならば，その自我をよりどころとした主体性が議論されるべきなのかもしれない。かつて一番ヶ瀬は，異なる文化において発展した議論や技法をそのまま日本に持ち込むことは，「あたかも土壌やその他の条件を無視して，植樹をおこなうような結果になりかねない。そこからは，しょせん，形式的な模倣か，無意味な挫折しか生まれない」（嶋田・一番ヶ瀬・仲村，1982, p. 1）と述べた。穴田（1998）や空閑（1999）は，自律的な個人を前提とする主体性の枠組みから脱し，対人関係の場において敏感であることや周囲と協調的であろうとすることに主体性を見出すべきだと主張する。

　だが，先に見たように，今日，日本における主体性の議論は，そのような流れにはない。西洋近代的な人間観を前提とした形で進んでいるのが現状である。また，グローバル化が進む社会状況の中で，日本文化の様相も変化し続けており，独立的な自己観を前提とする行動様式の習得を日本社会全体が日本人に要請する傾向が増加する中で，自分の意見の表現や断定的な物言いを忌避するというかつての日本人のコミュニケーションの特質（金田一，1975）も変容しつつある（Matsumoto, 1999；Takano & Osaka, 1999）。「日本独自の主体性」が存在するとしても，それについても再考が求められるべき状況にある。

　むしろ，問題は，現在，日本的な文化的土壌によって培われた相互協調的自己観やアモルフ的自我を基盤として有していたとしても，独立的自己，中核的構造の発達した自我を有するかのように，つまりは，西洋近代的な人間観に基づく主体性を有することが実際可能になっているという，一見ポジティブな事態において指摘されるように思われる。そこで，アモルフ的自我をよりどころとした主体性における陥穽を指摘し，主体性形成の問題を再考したい。

（1）その主体性には個人の自己が生かされているか

　上記事態として想定されることの1つは，主体的行動に思われるところが，

単なる行動様式の習得にすぎない場合である。表面的には個別の自己をよりどころとした主体的行動が遂行されているように見受けられるにもかかわらず，その行動はアモルフ的自我をよりどころとしたものであるという事態である。たとえば今井（1980）は日本人の自己決定について，「それは一つは，個人にとって全体の場を意識した決定であり，他の一つはそのような場の中で，個人の心の中でどのように生きていこうかと指向するその二つの決定があると考えられる」(p. 12) と述べる。

これは他者との関係を協調するという日本独自の主体性の性質によるものと考えられる。だが，自己決定という手続きを経る事態であるゆえに，個人の，つまりは，他者や周囲の状況といった文脈とは独立して存在する個人の意図や欲求に基づく自由な選択という性質の主体的行動と解釈されるだろう。その場合，もともとは不在あるいはそれとは異なるものであった個人の意図や欲求は，その行動から推測されるものに読み替えられ，そのような意図や欲求をもつ個人としてのフィードバックを受けることとなろう。

アモルファス構造をもつ自我は，外的な刺激や働きかけを，統合しないままに一種コロイド的な状態で混在させうるため，様々な刺激や働きかけに対する抵抗が少なく順応性には優れているとされる。それゆえ，他者の意図や状況における期待を察し，それに応える形で行動を主体的に展開することが可能である。たとえそれが本来の自己の意思や意図に反するものであっても，である。河合（1976b）は日本には徹底的な受動性と表裏一体の強い同化能力としての主体性があると指摘する。

だが，そのような外からの刺激に対する順応性の獲得が自我の中核的構造の発達よりも優先されたものであるため，受動的であり，自発的な行動を展開するには不向きであるという特徴をもつとされる（鑪，1999）。その自我が中核的な自我を有する行動を要請された際，様々な刺激や働きかけによる意図を自らのものとして発現するという方略がとられることもありえよう。そうなると，主体的な行動を求められれば求められるほど，本来であれば，独立した個人としての意図や欲求を育てられるべき自我の中核的なところの形成は虚ろなままに，他者や周囲の意図や欲求に受動的に適応するメカニズムだけが発達してしまうこととなろう。それが自己の意図や欲求に対する抑圧と表裏一体であるに

せよ，である。このような行為の反復は，内的な欲求を無理に抑圧してでも外的な期待や要求に応える努力を行う「過剰適応」ともいえよう（桑山，2003）。

(2) 主体性の形成は公共性につながるのか

アモルフ的自我について，もう1つ留意しておくべきことがある。それは，アモルファスな自我の構造は，一者的世界において発達するということである（鑢，1999）。

一者的世界とは，他者の存在を顧慮しない，自足的な心的状態である。一者的世界における対人行動は，他者の意向に対して敏感で受け身的であるという特徴をもつ一方で，自己の意向が表明される場合には，それは他者によって受け入れられるべきであるという絶対視が見られるとする。つまり，一者的世界における自他の曖昧さは，他者を柔軟に受け入れる一方で，自分の意向も受け入れられるべきという意識を生じさせるということが指摘されている。

これは，日本において自己主張や自己表現を主とする主体性を，その行動様式においてのみ育成してもそれが成熟した社会の形成に寄与しないことを示唆するところである。「契約」に関して触れたように，個としての自己をよりどころとした行動をとる際には，そこにはその行為を行う「責任」も伴うものである。加えて，その自己とは，他者との葛藤を基盤として形成されたものであり，よって，それが他者に受け入れられないことも十分ありうる。だが一者的世界においてその事態を理解することは難しい。もちろん，一者的世界にあっては，自他の境界や自己態度が曖昧である分，自他は同質のものという前提が置かれ，そもそも自己と他者との対立を想定しにくいかもしれない。だが，そのような自他の同質性が高い一者的世界を共有しうる関係のみにおいて生きることは，今日の社会では難しくなっている。

一者的世界と対照に置かれるのが，二者的世界である。それは，母親との間で葛藤し他者を意識して関わる心的世界とされる。そこでは，自分と他人は別の存在であるということを前提とし，その関係において自己の態度を明確に保ち，それを優先すべく表現する態度をもつこと，その代わり，自己と対峙しうる存在として他者をとらえているため，自己の意向を修正したり妥協したりすることが可能である。これはいうまでもなく，欧米における自我を想定して述

べられているところである。他者の異質性を考慮しなければ調整しえない関係にも多く出会う状況においては，関係調整はむしろこの二者的な心的世界を生きることによって可能となるだろう。自他の同質性を前提とした「察する」行為によってではなく，むしろ，自他の異質性を前提とした「聞く」「訊く」行為によって，関係調整が達成されると思われるからである。

(3) 主体性形成をめぐる葛藤

これまでのことをふまえると，「主体性」に独自の様式を指摘しうるとしても，今日求められている「主体性」とは，やはり，これまで見てきたように独立した個人の自己をよりどころとしたものであり，そしてそれが求められる限りにおいては，その主体性のよりどころとなる個人の自我・自己を形成していく必要があることが理解されよう。

だが，日常生活においては，そのような過程は抑圧され，依然としてアモルファス構造，つまり，空洞を形成することが求められる事態も散見される。日本における主体性の議論は，これまで述べてきた2つの質の異なる主体性をそれぞれ身につけることを求められている，時には同時に発現するように求められているというところに独特の難しさがあるように思われる。

たとえば土井（2008）による，児童や青年のコミュニケーションにおいて，「空気を読む」，言い換えると，「コミュニケーションにおいてはむやみに自己主張せず相手を察することを優先する」ということの強制がなされているという指摘がある。ある行動を強要されてその行動が展開される場合，それは，行動の源泉に自己を置くという発想からは外れるため，主体的行動とはみなされない。そしてそれを強要されて行う限りは，もちろん限界はあろうが，そこに反する意思をもつ自分というものを保つことができる。だがそれを主体的に遂行するよう求められる場合には，強要された事柄をあたかも自分の意思や欲求であるかのようにとらえ直す過程を経ることとなる。以前であれば，文化的適応の様式であり習慣的行為としてなされていた「他者を察する」ということが，個人の自由意思によって選択された行為，自己の責任において遂行された行為となる。この状況は，自己主張の価値を教育された児童や青年が，一方では従来の「察する」コミュニケーションの価値を強制し合う事態と理解できる。し

かも，それは主体的行動とされるためにその行為の起源は個人の自己に帰され，実際にはそれに対応する自己の中核が明確にないにもかかわらず，その自己の有り様を糾弾されるという事態が生じてしまう。

　また，かつて丸山眞男が主体性について，「内部的な，究極においては精神的な諸々の価値，およそ人間を人間たらしめているところの精神的なもの，単なる動物的生存や生理的生存から区別された人間らしさ」（丸山：清水ら，1948，p. 31），「吾々が実践するときに必然的に予想せざるを得ないエトス」（丸山：清水ら，1948，p. 32）を含むものだと述べたように，「主体性」という言葉それ自体が価値を付与されている。もしも，状況や文脈に応じて求められる人間としての価値が異なるのであれば，いかなる行動を主体的行動として求められるかも変わってしまう。

　主体性の議論の背景には，特定の自己観や世界観がある。よって，それとは異なる自己観・世界観が想定される文脈においては，その差異を考慮した議論が必要となる。その場合，その者が生後の経験の中で形成してきた自我・自己の様相とは異なる自我・自己，すなわち，主体性のよりどころとなる中核的構造をもつ自我・自己の形成を求めることとなるかもしれない。それは自己の葛藤をもたらすこととなろう。だが先に指摘したように，その過程がスキップされることで，かえって自己が疎外されたりあるいは社会的弊害が生じたりしてしまうのである。

　日本での主体性議論において理解されるべきは，主体性の形成・実現の過程において，このような葛藤が暗に生じている可能性があるということであると筆者は考える。しかも，主体性を形成・実現すべく，自我・自己の形成が進みながらも，一方では同時に，それを空洞のままで維持する圧力がかけられるといった事態が，日常生活では大いに経験されているだろう。つまり，現在の日本の文化的状況においては，主体性の形成において，自己の葛藤を経験するという過程が伴っているのではないか。その葛藤をいかに乗り越えるかが，主体性形成に潜む，隠れたテーマとなっているように思われる。

注1　分析に際しては，①漢字・かな表記などで別々にされている場合には統一の表記を定

I 自己・アイデンティティをつくる

め，②テキストマイニングソフト（KH Coder ver. 200e）を用いて使用頻度の高い用語を抽出し，③意味の類似性によってカテゴライズする，という手続きを数回繰り返すという手続きをとった。

注2　この文脈での「実体」とは「真に存在するもの」といった意味であり，それは「神」に対してのみ用いられるものであった。

文献

穴田義孝　1998　はじめに　穴田義孝編　日本人の社会心理：けじめ・分別の論理　人間の科学社，pp. 5-10.
Bandura, A. 1977 Self-efficacy: Toward a unifying theory of behavioral change. *Psychological Review*, 84, 191-215.
Bandura, A. 2006 Toward a psychology of human agency. *Perspectives on Psychological Science*, 1, 164-180.
中央教育審議会　2009　初等中等教育と高等教育との接続の改善について（答申）（http://fish.miracle.ne.jp/adaken/toshin/tosin01.pdf）（2016年6月10日閲覧）
Deci, E. L., & Flaste, R. 1995 *Why we do what we do: The dynamics of personal autonomy*. New York: G. P. Putnam's Sons.［桜井茂男監訳　1999　人を伸ばす力：内発と自律のすすめ　新曜社］
土井隆義　2008　友だち地獄：「空気を読む」世代のサバイバル　ちくま新書
Erikson, E. H. 1959 *Identity and the life cycle*. New York: W. W. Norton.［西平直・中島由恵訳　2011　アイデンティティとライフサイクル　誠信書房］
浜口恵俊　1982　間人主義の社会日本　東洋経済新報社
Hartmann, H. 1958 *Ego psychology and the problem of adaptation*. New York: International Universities Press.［霜田静志・篠崎忠男訳　1967　自我の適応：自我心理学と適応の問題　誠信書房］
池田恵利子　1998　「契約」時代の権利保障としての成年後見制度を考える　社会福祉研究，73, 13-20.
今井章子　1980　ソーシャルワーク研究（そのⅢ）：「自己決定」に於ける日本的特徴について　園田学園女子大学論文集，15, 7-17.
岩本華子　2007　社会福祉援助におけるクライエントの「主体性」概念に関する一考察：クライエントの「主体性」はどのように捉えられてきたか　大阪府立大学社会問題研究，56, 95-116.
河合隼雄　1976a　心理療法における文化的要因　星野命・山本和郎編　社会・文化の変化と臨床心理学　誠信書房, p. 68-89.
河合隼雄　1976b　母性社会日本の病理　中公新書

木村敏　1994　心の病理を考える　岩波書店
金田一春彦　1975　日本人の言語表現　講談社
北村晴朗　1981　自我　藤永保（編集代表）　新版心理学事典　平凡社, pp. 278-280.
小林敏明　2010　〈主体〉のゆくえ：日本近代思想史への一視角　講談社選書メチエ
空閑浩人　1999　日本人の文化とソーシャルワーク：受け身的な対人関係における「主体性」の把握　社会福祉学, 40, 113-132.
桑山久仁子　2003　外界への過剰適応に関する一考察：欲求不満場面における感情表現の仕方を手がかりにして　京都大学大学院教育学研究科紀要, 49, 481-493.
Markus, H. R., & Kitayama, S. 1991 Culture and the self: Implications for cognition, emotion and motivation. *Psychological Review*, 98, 224-253.
Matsumoto, D. 1999 Culture and self: An empirical assessment of Markus and Kitayama's theory of independent and interdependent self-construals. *Asian Journal of Social Psychology*, 2, 289-310.
文部科学省　2012a　予測困難な時代において生涯学び続け，主体的に考える力を育成する大学へ
　（http://www.mext.go.jp/b_menu/shingi/chukyo/chukyo4/houkoku/1319183.htm）（2016年6月10日閲覧）
文部科学省　2012b　「中学校等の新学習指導要領の全面実施に当たって」（文部科学大臣からのメッセージ）について（通知）
　（http://www.mext.go.jp/b_menu/hakusho/nc/1318964.htm）（2016年6月10日閲覧）
文部科学省　2012c　高等学校等の新学習指導要領の実施に当たって（通知）
　（http://www.mext.go.jp/b_menu/hakusho/nc/1343618.htm）（2016年6月10日閲覧）
日本経済団体連合会　2006　主体的なキャリア形成の必要性と支援のあり方：組織と個人の視点のマッチング
　（https://www.keidanren.or.jp/japanese/policy/2006/044/honbun.html）（2016年6月10日閲覧）
嶋田啓一郎・一番ヶ瀬康子・仲村優一　1982　座談会：国際社会における日本の社会福祉の課題　社会福祉研究, 30, 147-159.
清水幾太郎・松村一人・林健太郎・古在由重・丸山眞男・眞下信一・宮城音彌　1948　座談会：唯物史観と主体性　世界, 1948年2月号, 13-43.
初等中等教育における国際教育推進検討会　2005　報告：国際社会を生きる人材を育成するために
　（http://www.mext.go.jp/b_menu/shingi/chousa/shotou/026/houkoku/05080101/all.pdf）（2016年6月10日閲覧）
Takano, Y., & Osaka, E. 1999 An unsupported common view: Comparing Japan and the U.S. on individualism/ collectivism. *Asian Journal of Social Psychology*, 2, 311-341.
鑪幹八郎　1994　日本的自我のアモルファス構造と対人関係　広島大学教育学部紀要第一部（心理学), 43, 175-181.

I 自己・アイデンティティをつくる

鑪幹八郎　1999　アモルファス自我構造からみた臨床実践　京都文教大学人間学部研究報告, 2, 95-109.

鑪幹八郎　2007　アモルファス自我構造という視点：対人関係論から見た日本の臨床　精神分析研究, 51, 233-244.

White, R. W. 1959 Motivation reconsidered: The concept of competence. *Psyhcological Review*, 66, 297-333.

2章
青年期はアイデンティティ形成の時期である

溝上慎一

はじめに

　青年期はただ児童期の延長線上にあるわけではない。青年期は，主として親や教師などの重要な他者の影響を受けて構築してきた児童期までの自己を，自らの価値や理想，将来の生き方などをもとに見直し，再構築していく発達期である。それは，他者の価値基準によって発達してきた自己を，自らの価値基準によって形を作り直す，言い換えれば，「自己形成（self-formation）」の始まりとも言える時期である（溝上，2008）。

　青年期発達で焦点化され，本章のテーマでもあるアイデンティティ形成は，自己形成の一つである。「自己を主体的に，個性的に形作る行為である」と定義されるように（溝上，2011），自己形成は包括的な概念であるが，アイデンティティ形成はその自己形成のなかで，「これが私だ」という自己定義の模索，それを連続的・心理社会的に確立しようとする形成を指す概念である。その意味では，青年期は，それまでの他者の価値基準によって発達してきた自己を，自らの価値基準によって，主体的，個性的に形成する発達期というだけでなく，その自己を連続的・心理社会的といった同一性の観点からまとめあげていく発達期でもあるということである。以下，順を追って説明していこう。

1．アイデンティティ形成論の登場前史

（1）第二次個体化プロセス

　青年期における自己の見直し・再構築の作業は，それまでの社会化の源泉であった親の価値や見方を，自らの価値や見方によって相対化する・見直すことを意味しており，ときに，いわゆる「第二反抗期」と呼ばれる現象として立ち

現れることもある（Bühler, 1967）。

　ブロス（Blos, 1967）は，精神分析の立場から青年期の自己の見直し・再構築の作業を，「第二次個体化プロセス（the second individuation process）」と呼んで検討した。精神分析の影響が強い青年心理学ではよく言及される人物の一人であるし，後で紹介するエリクソンを精神分析の世界に導いたギムナジウム時代の友人としても知られている（Friedman, 1999）。

　第二次個体化とは，マーラーら（Mahler, Pine, & Bergman, 1975）の「分離－固体化プロセス（separation-individuation process）」（フロイト（Freud, S.）の自我心理学の立場から，乳幼児が内在化された母親との情緒的な対象関係を恒常的に確立し，個として自律的な心の働きを備えるようになるプロセス）を受けてのもので，青年はそれまでの心的基盤であった親との情緒的な対象関係を切り離し，社会における家族以外の愛着対象との関係を再構築するプロセスを指す。

　もっとも近年では，オランダのメウスら（Meeus et al., 2005）が，親からの分離プロセスと個体化プロセスとは別のプロセス，すなわち二重プロセスであり，両プロセスが絡み合いながら発達するものだと指摘している。また，日本人大学生を対象に，親からの分離の機能を検討した杉村ら（杉村, 2015）の研究からは，（親からの）認知的分離（親を一人の人間として見る）は自律性（自己決定感・独立性）と正の相関を示したものの，アイデンティティ統合・混乱とはほとんど相関を示さなかった。（親からの）情緒的分離は，自律性，アイデンティティともに相関を示さなかった。以上のことは，親からの分離をもって青年期の個体化が発達していくというブロスの第二次個体化プロセスを，少なくとも日本の青年の自律性や自己の見直し・再構築の発達的作業にそのまま適用することが難しいことを示唆するものである。今後のさらなるデータの収集と検討が必要なテーマである。

(2) 自我の発見

　青年心理学の祖と呼ばれるアメリカのホール（Hall, 1904）が説いたことで有名な「疾風怒濤（［独］Sturm und Drang／［英］stress and storm）」は，青年期が内的動揺の激しい発達期であることを指すものであった。

シュプランガー（Spranger, 1924）は，了解心理学の立場から青年の精神世界全体を考察対象とし，青年期の大きな特徴の一つとして，「自我の発見（[独]die Entdeckung des Ich／[英] finding the self）」を挙げた。すなわち，自我は児童期にも存在するが，世界と融合していて対象として意識されることは少ない。それが青年期になると，外界から離れた存在として自己が見出される。しかし，青年が自己に見出すのは，ホールが「疾風怒濤」と表現したような内的動揺であった。青年はこうして動揺や苦痛，孤独を体験しながらも，自分自身の主観を一つの新しい世界として統合しつくり出していくのである。シュプランガーによれば，青年期に入っての自己の見直し・再構築の作業は，「自我の発見」を通して始まるのであった。それは，自らが自己世界の形成主体となることの始まりを意味していた。

(3) 自己への否定的感情の高まり

自我体験のような劇的な体験をともなわない場合でもあっても，児童期までの自己の見直し・再構築を行う青年期という発達期においては，自己への感情は否定的になりやすい（中間，2011）。

都筑（2005）は，この点に関して貴重な縦断研究の結果を報告している。彼

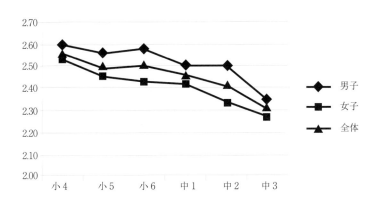

図は小4〜中3の7時点・縦断データを収集したうちの，第7回調査の横断データを用いて分析した結果である。

図2-1 小4から中3の自尊感情の平均値（都筑, 2005, p.3 図1 より）

は，自尊感情を指標として，小学4年生から中学3年生までを対象とした4年間・計7回の縦断調査を行い，その変化を検討している。まず，横断的に分析をした結果，学年が上がるにつれて自尊感情の得点が低下する傾向が共通して見られた（図2-1を参照）。他の6回の調査時期すべてにおいても同じ結果が得られたことから，この傾向はかなり一般的なものであろうと結論づけられている。同様の結果は，縦断的な分析結果でも支持された。すなわち，同一個人の自尊感情の得点は，小学4年生から中学3年生にかけて次第に低下していったのである。これらの結果は，児童期から青年期にかけて自己の感情が否定的になりやすいことを実証的に示している。

（4）アイデンティティ形成論の登場

　以上述べてきたような，青年期の特徴として示されてきた自我の発見や自我意識の問題は，「アイデンティティ形成（identity formation）」論の登場に回収され，包括的に扱われるようになった（宮川，1992）。つまり，青年期の特徴は，単なる内的動揺や自我の発見だけで説明されるものではなく，「これが私だ」という自己定義の模索，それを連続的・心理社会的に確立しようとするなかで立ち現れてくるものだと，構造的・力学的に理解されるようになったのである。

　わが国の青年心理学の教科書を振り返ると，エリクソン（Erikson, E. H.）のアイデンティティ形成論が青年期発達の代表的テーマの一つとして当然のように取り上げられるようになるのは，1970年代である。たとえば，専門書（西平，1964）ではやくからエリクソンのアイデンティティ形成論を紹介していた西平の『青年心理学』（1973）はもちろんのこと，井上・柏木・古沢編の『青年心理学』（1975），桂編の『青年期』（1977），宮川・寺田編の『青年心理学』（1978）などで，エリクソンのアイデンティティ形成論は紹介されている。これ以降，今日に至る青年心理学の教科書では，アイデンティティ形成論は紹介しないものがないというほど，欠かせないテーマとなっている。

2. 自我の発見からアイデンティティ形成へ

(1) アイデンティティ形成

アンナ・フロイト（Freud, A.）に指導を受けたドイツ出身・アメリカの精神分析家エリクソンは、ハルトマン（Hartmann, 1958）流の適応的な自我心理学（Josselson, 1980）を発展させて、ライフサイクルの漸成図式（epigenetic diagram）をもとにした人の生涯発達を考えた。有名なエリクソンの概念、「自我アイデンティティ（ego identity）」の混乱ならびに達成（Erikson, 1956, 1959, 1963）は、青年期に顕著となる発達的危機の現象だと考えられたものである。

エリクソンが、アイデンティティの問題を単に自己の問題としてではなく、自我の問題として捉えたのは、精神分析的な自我心理学の系譜ゆえである。第二次個体化プロセスで紹介したブロス（Blos, 1962）によれば、青年期は、児童期までの超自我による人格支配から自我による人格支配へと移行する、すなわち親に同一化して形成されている超自我の支配から、自らの声に基づく自我の支配へと作り直していく発達期である。エリクソンはそれを、児童期までの「同一化群（identifications）」を新たにまとめ上げる「同一性（identity）」の構築作業だと説明した。「同一化から同一性へ」とまとめられる、このような青年期の同一化から同一性への移行作業は、はじめに述べたように、児童期までの自己の見直し・再構築の作業だとも言えるものである。

エリクソンは、自我アイデンティティの形成を二つのアイデンティティから形成されるものだと説明した。一つは「自己アイデンティティ（self-identity）」である。それは「これが私だ」という自己定義（self-definition）を模索すること、そして見出された自己定義を、「私はどこから来てどこへ行くのか」という過去から未来への連続した感覚として捉えることである。もう一つは「心理社会的アイデンティティ（psychosocial identity）」である。それは、理想として見出した自己定義を、他者に対してあるいは社会のなかでさまざまに試し（役割実験：role experimentation）、共同体の核心に位置づけることである。この二つのアイデンティティ形成の絡み合いによって、全体感情としての「アイデンティティの感覚（a sense of identity）」が自我に形成されると考えたの

である。

(2) 近代に成立した青年期のアイデンティティ形成

　世界的に見れば19世紀末から20世紀初頭，日本で言えば明治以降，いわゆる近代になって成立した学校教育は，子ども・若者を大人の世界から切り離すものであった（cf. 宮澤，1998）。学校教育が進展し，このような子ども・若者の世界と大人のそれとの切り離しが進んでいくと，今度は両者をつなぎ直す作業が学校教育の場で求められるようになる。職業指導や進路指導はこのような文脈で登場したものであり，このことは多くの青年にとって，学校教育を通して職業を選択し人生を形成する青年期が実質的に機能するようになったことの証左であった。そして，青年にとって，切り離された青年の世界と大人の世界とを学校教育の場でつなぎ直す作業が，前節（4）で説明した「アイデンティティ形成」であるとよく議論されるようになったのは，1960年以降のことであった（Tiedeman & O'Hara, 1963；Munley, 1975, 1977）。

　エリクソンは，職業指導や進路指導に関連してアイデンティティ形成を議論したわけではない。しかし，よく引用される彼の文句，「思春期や青年期においては，以前には信頼されていた……連続性がふたたび問題となる」（Erikson, 1963, p.261）が，青年が大人の世界から切り離されていることを前提としており，その切り離しをつなぐ際に職業的アイデンティティ（occupational identity）（Erikson, 1959）の確立が主テーマの一つとなるという彼の説明に，職業指導や進路指導が絡んでくるのであった。つまり，児童期までに外在的基準としての重要な他者（親や教師など）によって形成してきた自己を，青年期に入って，今度は職業領域を含めて，自己基準によって定義し直そうとする。そして，児童期以前の過去と成人期以降の将来とをつなぐような自己定義を見出すことができれば，青年は過去から未来へと連続する連続的なアイデンティティを得ることになるのであった。

　エリクソンのアイデンティティ形成論が近代の特徴を持つことについては，青年心理学者のあいだでいくつか議論がある（たとえば，Baumeister, 1986；Baumeister & Tice, 1986）。

　最近のものでは，カナダのコテ（Côté, 1996；Côté & Levine, 2002）が，エ

リクソンの「達成的（achieved）」アイデンティティ形成を，前近代の「帰属的（ascribed）」アイデンティティ形成と比較するかたちで議論している。つまり，前近代では，世代間のつながりがきわめて強く，青年は伝統的で，かなり安定した知識や技能を親や祖父母（身近な先行世代）から継承されてアイデンティティを形成した。大人になるとは，自らの価値観や自己定義を模索・確立することではなくて，身近な先行世代の世界を疑わず，そこに帰属することを意味していた。

エリクソンの青年期アイデンティティ形成論では，児童期と青年期との断絶・不連続（discontinuity）を強調する。なぜなら，青年期の意義，アイデンティティ形成の意義は，児童期までに重要な他者（親や教師などの身近な先行世代）の外在的基準によって形成してきた自己を，青年期に入って，今度は職業領域を含めて，自分がどのような大人になりたいかという自己の基準——それは，身近な先行世代の基準を超える可能性を持っている——によって自己を定義し直すことと考えられているからである。エリクソンのアイデンティティ形成論では，自己の基準を何ら模索せず，児童期までの重要な他者（先行世代）の基準をそのまま継承して自己定義をする「早期完了（foreclosed）」の者は病的と見なされるが，前近代では早期完了こそがまさに求められたのである。

3．現代のアイデンティティ形成論

（1）新しいアイデンティティ

青年期アイデンティティ形成論と言えば，前節までに見てきたエリクソンの論が代表的であるが，現代青年のアイデンティティ形成を見るとき，そのプロセスにおいてエリクソンのアイデンティティ論では説明が十分になされない箇所がある。

この問題はエリクソンがアイデンティティ論を提唱し始めた1950年から60年代にかけてはさほど問題にならなかったものであり，それがいま問題になるのは，現代がエリクソンが青年期を見た社会状況から質的な断絶をもって変化していると考えられるからである。この社会的変化は，近代（modernity）から後期近代（late modernity）への変化と見なされているものでもある（cf.

Côté & Levine, 2002)。

　新しいアイデンティティの姿は，ガーゲン (Gergen, 1991) の「飽和した自己 (the saturated self)」に代表される。ガーゲンは飽和した自己を，「我々は永続する同一化的な自己の代わりに，断片化と一貫性のない自己を見出す……こうしてポストモダン（の時代）をじっくりと見つめていくと，（我々は）個人内で首尾一貫して矛盾のない『ほんとうの』自己，『基本的』な自己という概念に疑問を抱くことになる」と説明した。

　アイデンティティ形成の新しい特徴は，「脱中心化 (decentralized)」「ダイナミック (dynamic)」「複数の (multiple)」「文脈固有の (context-specific)」「相対的 (relative)」「流動的 (fluid)」「断片的 (fragmented)」といったようにさまざまに形容されている。これらの特徴をすべて兼ね備えたものが新しいアイデンティティということでは必ずしもないが，これらはエリクソン・アイデンティティ形成論には回収されないという点では共通する特徴である。ガーゲンの飽和した自己の論では，複数化・断片化・流動的といった特徴が強調されており，はやくからリフトン (Lifton, 1967, 1999) が唱えた，変幻自在で姿をころころと変える「プロテウス人間／自己 (protean man/self)」とおおむね重なる。

(2) エリクソン・アイデンティティ論で説明ができない箇所

　飽和した自己やプロテウス的自己が，エリクソンのアイデンティティ形成論によって十分に説明ができない理由は，そこでなされている自己定義が首尾一貫したまとまりのある自己体系のなかに回収されないからである。これは，自我の一極集中的 (centralized) なダイナミックスをもってアイデンティティ形成をおこなうと見るエリクソンの自我アイデンティティ論に，明確に反するものである。

　アイデンティティ・ステイタスの提唱で有名なマーシャ (Marcia, 1989) 自身も，「文化的に適応した拡散型アイデンティティ (a culturally adaptive diffused identity)」という類型が急速に増えつつある事実を認めている。この新しいアイデンティティ・ステイタスは，青年期課題に対して「探求 (exploration)」はするものの，永続的な「コミットメント (commitment)」

をしない点に特徴を持ち，この点をもってこの類型もエリクソン・アイデンティティ論では説明できないものとなっている。

　こうした青年たちは，コテ（Côté, 1996）が述べるように，状況の有利・不利に応じて「流れる（drift）」のが現代社会により適応した形態だと見なしている。したがって，この種のアイデンティティは，マーシャの探求とコミットメントの2軸の規準では拡散型に類型されるものの，社会にうまく適応しているという意味で，元来の拡散型のアイデンティティとは決定的に異なり区別されるものとなっている。

　マーシャの文化的に適応した拡散型アイデンティティは，北米の事例をもとに報告されたものであるから，このアイデンティティ現象を，社会的，文化的文脈を捨象してわが国の青年にそのまま適用することは早計である。しかしながら，わが国においてバブル経済崩壊以降のこの20数年，職業世界は刷新しており，企業の大小，業種を問わず，離転職行動はかなり一般化した。このことは，青年期の職業的役割を中心とするアイデンティティ形成のしかたに，多かれ少なかれ影響を及ぼしていると考えられる。実際，身近で耳にするだけでも，とりあえずは3年くらいを目処に就職を考える，あるいは当面の自己定義だけをしておいてしばらくはそれでやってみる，といった学生の話が決して珍しくなくなってきている。

　後で紹介するシャヒター（Schachter, 2004）が述べるように，この種の現代的なアイデンティティ形成を，エリクソン理論に基づく探求とコミットメントを基軸とするアイデンティティ・ステイタス・アプローチで検討しようとすること自体に限界がきているとも見て取れる。

（3）アイデンティティ形成における多領域化

　複数化・断片化・流動的なアイデンティティ形成で本質的に問題になっていることは，人の生活・人生に関わる場が「多領域化（multidimensional）」していることを意味する。それは，児童文学者の村瀬（1999）が大プレートから小プレートへの移行と述べたこと——つまり，皆が一同に乗る社会の大きなプレートは消失し，結果として人は自分だけの，ないしは自分を含む小さなコミュニティのプレートをいくつもつくり出しながら生きなければならなくなった

こと――と深く関連している。これらは，アイデンティティ形成の領域が「多」領域化していることとして言い換えることができ，このことが複数化・断片化している現代のアイデンティティ形成の特徴をつくり出している。

加えて，大きな物語の消失は社会の流動化，ひいては自分たちでつくる小さな物語の寿命期間の短さを必然的なものとするから，その結果，現代のアイデンティティ形成の多領域化には，リフトンの形容するような変幻自在の自己でないにしても，多かれ少なかれ流動化した自己の特徴が含み込まれることとなる。こうして，上述したような，全体として首尾一貫したまとまりのある自己体系へと回収されないアイデンティティ形成の特徴が生み出されることとなる。

アイデンティティ形成の多領域化を，現代青年のアイデンティティの特徴と見なしていけるならば，このテーマは，複数領域間の自己定義の葛藤として扱われることになる。このテーマの創出は，領域の質的設定を避けられないアイデンティティ・ステイタス研究の変遷を見るとよくわかる。つまり，こういうことである。

マーシャ（Marcia, 1966, 1967）らがアイデンティティ・ステイタス・アプローチを提唱したとき，「職業」「政治」「宗教」をアイデンティティ確立の領域として設定したことはよく知られている。そして，マーシャが1980年の論文（Marcia, 1980）で振り返って述べるように，アイデンティティ・ステイタスの研究が進むにつれて，女性固有の領域が設定されていない問題点が露呈してきて，「婚前交渉」や「性役割」といった領域が追加されるようになった（Marcia & Friedman, 1970；Schenkel & Marcia, 1972；Waterman & Nevid, 1977）。

しかし，このアイデンティティ・ステイタスの設定領域は，とくに1980年代に入って，女性に限らず男性も含めて追加・拡張されていく。その主なものとして，「哲学的ライフスタイル」や「家族と仕事の優先」「友人関係と異性」「余暇」といった領域が挙げられる（van Hoof, 1999）。複数領域間の自己定義の葛藤の代表例である「家族と仕事の優先」といった役割葛藤も，ここに見られる。

このアイデンティティ・ステイタスの設定領域の追加・拡張の背景には，マーシャがアイデンティティ・ステイタス・アプローチを提唱し始めた1960年

代と違って，イデオロギーや伝統的価値がずいぶんと衰退したこと，新しい価値や信念が生まれたことでそれまでの伝統的な役割観（ジェンダーや職業，家族など）がかなり相対化され，たとえ伝統的な役割観に則る場合でもそれはもはや個人的な選択でしかなくなったことなどがある。各領域における自己を，個人の価値や信念，選択に基づいて定義するとなると，その自己定義によっては，役割葛藤のような複数領域の自己定義の葛藤が生じるのも無理からぬこととなる。

このようなイデオロギーや伝統的価値の衰退，新しい価値や信念の創出による伝統的役割観の相対化は，必然的に当該発達期（たとえば青年期）のある課題に対する自己定義をおこなうだけでは事済まず，後々の発達期の課題に対するある程度の自己定義を同時におこないながら，当該発達期の課題を現実的に対処していくという動きも生み出す。つまり，人生を広く見渡したなかでの複数の発達課題に対する複数の自己定義を，同じ次元で調整していくという新たな心理的課題を生み出すこととなるのである。

（4）アイデンティティの二重形成プロセス

複数領域間の自己定義の葛藤という新しいアイデンティティ形成は，二重プロセスで形成されると定式化することができる。つまり，第一のプロセスは特定領域における自己定義の形成であり，第二のプロセスはその特定領域間の自己定義の葛藤・調整という意味での統合形成である。人によっては領域間で自己定義の葛藤を抱きながらも，とりたてて第二のプロセスに移行して調整せず全体のアイデンティティ形成となることもあるだろうが，人によってはそこから第二のプロセスを加えて除々に全体のアイデンティティが形成されることもある。

第一の形成ダイナミックスが，全体的アイデンティティとの関係を考慮しないで，特定領域別に独立して探求されるのは，役割葛藤のような領域間の自己定義の葛藤が生じる状況を考えればわかりやすい。たとえば，ある青年女性が，諸外国をまたにかけた国際的な仕事をしたいと一方で考え，他方で，子供は少なくても2人は欲しい，子供に寂しい思いをさせたくないからできるだけ子供が学校から帰ったときには家にいるようにしてあげたい，と考えている。この

I 自己・アイデンティティをつくる

職業領域と家族領域における自己定義は，一般的には葛藤を起こし何らかの修正を迫られる。

ここで確認しておきたい重要な点は，第一に，この両領域における自己定義は互いに独立して，領域それ自体の埋没的状況のなかで探求されたものだということである。自己全体のバランスを考えて，双方の調整をはかりながら探求されたものではなく，その意味で，精神分析学派が考えるような自我の「一極集中的（centralized）」なダイナミックスというよりはむしろ，「分権的（decentralized）」なダイナミックスのもとで探求された自己定義の結果だと言うことができる。

第二に，第一の結果として領域間の自己定義に葛藤が生じれば，その調整がおこなわれ（自己の）全体統合がはかられるということである。第一の自己定義の形成が即座に全体のアイデンティティ形成になる場合や，領域間の葛藤が生じても調整がおこなわれないまま全体のアイデンティティに至ることもあるので，第二の統合形成は任意的・付加的なプロセスであるとも考えられる。

こうして考えると，アイデンティティ形成の主眼は近代を生きたエリクソンの時代と同じく，第一プロセスとしての特定領域の自己定義の形成にあると考えられる。しかしながら，イデオロギーや伝統的な価値が衰退したことが個人の価値や信念を強く求めるようになった，その結果領域間の自己定義の葛藤を引き起こしやすくなった現代においては，とりわけ第一プロセスと第二プロセスがセットになった二重形成プロセスが強調されるとも理解される。

事例研究ではあるが，第一の自己定義の形成と第二の統合形成とが二重に生じている事実が，イスラエルのアイデンティティ研究者シャヒター（Schachter, 2004）によって実証的に報告されているから，紹介しておこう。

シャヒターは，正統派ユダヤ教を信仰する青年のアイデンティティ形成を対象に事例研究をおこなった。彼らは将来，宗教的な実践家やユダヤ教の教義を教える教師になりたいと願って勉強をしている若者たちである。シャヒターが問題設定するのは，正統派ユダヤ教は婚前交渉を厳格に禁止しているのだが，近代化の波を受けた世俗の価値や信念，そのなかでもとりわけ異性との関係が，信仰に厚い青年たちをかなり苦しめている，という状況である。性情報の氾濫（テレビや雑誌，本，映画，インターネットなど）も先進国と変わりなく存在

するなかで，彼らが教義を逸脱しない正統派ユダヤ教信者であり続けられるかどうかを，この現代社会は試しているのである。

　ここで対象とされる青年たちにとって，宗教領域は職業領域とほぼ同義だと見なしてよいものであるが，問題はその職業（宗教）領域における自己定義と真っ向から矛盾する異性とのつきあい方，とくに性的な関係をどう考えるかである。関連する部分だけを説明するならば，宗教心の厚い青年のなかにも教義を犯して異性と性的関係を持つ者が少なからずいるようである。それは，職業（宗教）領域における自己定義と異性領域における自己定義との真っ向からの矛盾・葛藤を意味する。しかし，実際には社会的にまったく相反するこの二つの価値を，自己のなかではうまく処理して調和をはかる統合形成が確認されている。たとえば，宗教は宗教，つきあいはつきあいといったような割り切りをして，矛盾する自己定義を同時に抱えたまま統合状態へと至る場合，あるいは，教義上禁止されている婚前交渉が実に信仰と近い神秘的感覚を引き起こすものであり，自分にとっては信仰の一種だと見なす場合などがそうである。

　どちらも客観的な矛盾を解消しているわけではないのだが，認知的方略によって結果的には解消しているものとして理解されている。どのように対処するかの方略はほかにもあるかもしれないが，ここで押さえておきたいのは，特定領域における矛盾した自己定義間の解消プロセスこそが，現代のアイデンティティ形成を強調する二重形成プロセスの傍証となるということである。

4．国際的に見た日本人のアイデンティティ

　シュワルツ（Schwartz et al., 2012）は，青年期におけるアイデンティティ形成は，主にアメリカやカナダの白人青年を対象に研究がなされてきて，アメリカのなかでの少数グループや移民，ひいてはヨーロッパやアジアの文化における人びとのアイデンティティ研究は，まだまだこれからの状況であると述べる。

　たしかに，英語圏の論文を見ればそうかもしれないが，日本ではエリクソンのアイデンティティ論を，日本の若者の青年期を説明する有力な理論として積極的に受け入れ，アメリカとの文化的差異をさほど意識することもなく，30年間研究を蓄積してきた経緯がある。日本のなかに，アイデンティティを研

I　自己・アイデンティティをつくる

テーマとする学者はごまんとおり，青年期以外の他の専門分野のものまで含めれば，アイデンティティに関する書籍や論文は 1000 以上にも上る（国立情報学研究所 CiNii より）。エリクソンの著作はほとんどが翻訳されており，アイデンティティ・ステイタスの面接研究も，数は多くないが，無藤（1979）以来いくつかなされている。クローガー（Kroger, 2000）の "Identity Development" も 2005 年に翻訳されている。コテ（Côté, J.）の『アイデンティティ資本論』も 2014 年に翻訳された（溝上・松下編, 2014）。『アイデンティティ研究の展望』（鑪・山本・宮下編, 1984 ほか）は，1984〜2002 年にかけてまとめられた 7 冊のアイデンティティ研究ハンドブックであり，国内外のアイデンティティ研究が網羅的に紹介されている。日本の研究者は，このような刊行物に支えられて，アイデンティティ研究を勉強してきた。実際のデータを見ても，日本人青年で，アイデンティティをうまく発達させている者は，そうでない者に比べて，より適応的であり，人生に対する目的意識と方向性（Côté, 1993）を感じていると結論づけられる（詳しいレビューは，Sugimura & Mizokami, 2012 を参照）。

集団主義と見なされてきた日本文化において，アイデンティティ論が受け入れられてきた背景には，この 50 年間の日本社会の変化がある。1960〜70 年代の経済発展の後，すでに日本青年の新しい姿として，「私生活主義（privatization）」（久世ら, 1988）や「自己決定主義（self-determinism）」（千石, 2001）というラベルは付与されていた。1990 年代以降の経済停滞，情報化・グローバル化の波を受けて，伝統的な採用・雇用システムの変化，それにともなう学校教育でのキャリア教育，自律性（autonomy）をはじめとする個を育てる教育の推進など，日本青年の個の発達は，1980 年代までとはギアを切り替えて，よりいっそう促されている（Sugimura & Mizokami, 2012）。

バーマンら（Berman et al., 2014）のインド人・中国人・アメリカ人を比較検討したアイデンティティ苦悩の文化比較の研究からは，中国人において，集団主義とアイデンティティ苦悩との関連が高いことが示されており，アジア文化圏における集団主義の観点から理解される結果とずれることを報告している。この背景として著者らは，中国人サンプルが医療系・工学系の大学生から得られていることを一つの理由として挙げるが，他の理由として，グローバ

ル化にともなう集団主義的な伝統的価値の衰退，それに代わる個人主義的な価値の台頭の可能性を指摘する。日本人大学生を対象として，文化的自己観（相互独立的自己観・相互協調的自己観）(Markus & Kitayama, 1991) とアイデンティティ発達との関連を検討した杉村ら（Sugimura et al., 投稿中）の研究においても，日本人青年にとって，アイデンティティ発達に相互独立的自己観が強く関係していることが明らかになっている。集団主義を表す相互協調的自己観は，"感謝（gratitude）"や"肯定的脱関与性（peaceful disengagement）"といった日本的幸福感（ミニマリスト心理的幸福感 minimalist well-being）(Kan, Karasawa, & Kitayama, 2009) とは正の相関を示したが，西欧的なウェルビーイング（Ryff, 1989）の自律（autonomy）とは負の相関を，アイデンティティ発達とも負の相関を示した。これらの結果は，杉村と溝上（Sugimura & Mizokami, 2012）で仮定した個人主義的な集団主義（individualistic collectivism）——伝統的な集団主義の特徴を保持しつつも，時代に合わせた個人主義的な特徴も持ち合わせる適応的な文化的態度と考えられたもの——は，少なくともこのデータからは認められないことを示唆していた。

　シュワルツら（Schwartz et al., 2012）が，ヨーロッパ諸国のアイデンティティ研究の知見をふまえて述べるように，アイデンティティ発達の構造にさほどの違いが見られなくとも，たとえば離家のタイミングや，大人の役割をいつ頃，どのようなプロセスをもって採り始めてほしいかといった，アイデンティティ形成プロセスに関わる社会的期待は，文化によって異なると考えられる。また，アイデンティティ形成の領域は，日本ではアメリカと違って，政治や宗教領域が見られにくく，もっぱら職業と価値，対人関係，それにジェンダー領域で構成されるという見方もある（Sugimura & Mizokami, 2012）。近年，これらに学習領域（academic domain）も加え検討されている（Sugimura & Shimizu, 2010a, 2010b）。もっとも，日本文化の場合，アイデンティティ発達が適応や人生に対する目的意識や方向性と関連性を強く示すものの，そのアイデンティティ発達が果たして日本社会で仕事や生活を送るうえで必要なものなのかが，いまだ検証されていない。これは，学校から仕事へのトランジション，成人期へのトランジションとして縦断的に検討されるべき，青年期の発達的意義を検証する課題であり，いま現在取り組まれている大きな課題である。

以上のように,アイデンティティに関する文化的差異は存在しないとは考えていないし,それがどこに見られるかを詳細に明らかにしていくことは今後の課題であるとも言える。しかしながら,少なくとも EPSI 第5段階のアイデンティティ尺度 (Rosenthal, Gurney, & Moore, 1981) のようなアイデンティティ発達の尺度,DIDS (Luyckx et al., 2008),U-MICS (Crocetti, Rubini, & Meeus, 2008) のようなアイデンティティプロセスを測定する尺度は,日本文化でも西欧と同様に,青年期のアイデンティティ発達を測定するのに有効であると実証的に示されている (畑野ら,2014;畑野・杉村,2014;中間ら,2014)。先述した政治・宗教領域にはとくに日本文化に合わないと考えられており,それらが前提となって質問される EIPQ (Balistreri et al., 1995) や EOM-EIS (Bennion & Adams, 1986) などのアイデンティティ尺度は,α 係数が低かったり尺度のモデル適合度が悪かったりする結果が報告されている (Berman et al., 2011;Ohnishi, Ibrahim, & Owen, 2001)。それでも,このような条件をクリアーするときには,現代の日本人青年のアイデンティティ発達やプロセスは測定可能であるし,その構造も比較的西欧の示すものに近いものとなると理解される。もちろん,バーマンら (Berman et al., 2011) が示すように,EIPQ のコミットメント得点が中国・台湾・アメリカに比べて相対的に低く,アイデンティティ苦悩の得点が相対的に高いという文化比較的な特徴はあるかもしれない。アメリカと日本の大学生のアイデンティティ・ホライズンの得点比較をした研究でも,アメリカ人青年に比べて日本人青年のアイデンティティ・ホライズンの得点は低いという結果が出ている (Côté et al., 2015)。

まとめ

本章では,青年期の特徴としてかつて示されていた自我の発見や疾風怒濤といった内的動揺が,やがてエリクソンによって,「これが私だ」という自己定義の模索,それを連続的・心理社会的に確立しようとするなかで立ち現れてくるアイデンティティ形成論として回収され,青年期の特徴が構造的・力学的に理解されるようになったことを概説した。

しかし,社会が近代から後期近代へと変化するなかで,エリクソン・アイデンティティ形成論では説明のできない,「複数の」「断片的」「流動的」な特徴

を持つ新しいアイデンティティが注目されるようになった。それはアイデンティティ形成における多領域化の問題であり，特定領域における自己定義の形成，特定領域間の自己定義の葛藤・調整という二重プロセスのアイデンティティ形成として理解されると説明された。

付記：本章の**1，2**は溝上（2010, 2012）を，**3**は溝上（2008）を修正し，まとめたものである。**4**は新たに書き下ろしたものである。

文献

Balistreri, E., Busch-Rossnagel, N. A., & Geisinger, K. F. 1995 Development and preliminary validation of the Ego Identity Process Questionnaire. *Journal of Adolescence*, 18, 179-192.

Baumeister, R. F. 1986 *Identity: Cultural change and the struggle for self.* New York: Oxford University Press.

Baumeister, R. F., & Tice, D. M. 1986 How adolescence became the struggle for self: A historical transformation of psychological development. In J. Suls, & A. G. Greenwald (Eds.), *Psychological perspectives on the self.* Vol.3. Hillsdale, New Jersey: Lawrence Erlbaum Associates. pp.183-201.

Bennion, L. D., & Adams, G. R. 1986 A revision of the Extended version of the Objective Measure of Ego Identity Status: An identity instrument for use with late adolescents. *Journal of Adolescent Research*, 1（2），183-198.

Berman, S. L., Ratner, K., Cheng, M., Li, S., Jhingon, G., & Sukumaran, N. 2014 Identity distress during the era of globalization: A cross-national comparative study of India, China, and the United States. *Identity: An International Journal of Theory and Research*, 14, 286-296.

Berman, S. L., You, Y. F., Schwartz, S., Teo, G., & Mochizuki, K. 2011 Identity exploration, commitment, and distress: A cross national investigation in China, Taiwan, Japan, and the United States. *Child Youth Care Forum*, 40（1），65-75.

Blos, P. 1962 *On adolescence: A psychoanalytic interpretation.* The Free Press of Glencoe.［野沢栄司訳　1971　青年期の精神医学　誠信書房］

Blos, P. 1967 The second individuation process of adolescence. *The Psychoanalytic Study of the Child*, 22, 162-186.

Bühler, C. 1967 *Das Seelenleben des Jugendlichen: Versuch einer Analyse und Theorie der psychischen Pubertät.* Stuttgart-Hohenheim: Gustav Fischer Verlag.［原田茂訳　1969　青

I 自己・アイデンティティをつくる

年の精神生活　協同出版］
Côté, J. E. 1993 Foundation of a psychoanalytic social psychology: Neo-Eriksonian propositions regarding the relationship between psychic structure and cultural institutions. *Developmental Review*, 13, 31-53.
Côté, J. E. 1996 Sociological perspectives on identity formation: The culture-identity link and identity capital. *Journal of Adolescence*, 19, 417-428.
Côté, J. E., & Levine, C. G. 2002 *Identity formation, agency, and culture: A social psychological synthesis*. New Jersey: Lawrence Erlbaum Associates.
Côté, J., Mizokami, S., Roberts, S., Nakama, R., Meca, A. L., & Schwartz, S. 2015 The role of identity horizons in education-to-work transitions: A cross-cultural validation study in Japan and the United States. *Identity: An International Journal of Theory and Research*, 15, 263-286.
Crocetti, E., Rubini, M., & Meeus, M. 2008 Capturing the dynamics of identity formation in various ethnic groups: Development and validation of a three-dimensional model. *Journal of Adolescence*, 31, 207-222.
Erikson, E. H. 1956 The problem of ego identity. *Journal of the American Psychoanalytic Association*, 4, 56-121.
Erikson, E. H. 1959 *Identity and the life cycle*. New York: W. W. Norton.［小此木啓吾訳編　1973　自我同一性：アイデンティティとライフ・サイクル　誠信書房］
Erikson, E. H. 1963 *Childhood and society*. (2nd ed.). New York: W.W.Norton.［仁科弥生訳　1977/1980　幼児期と社会 I・II　みすず書房］
Friedman, L. J. 1999 *Identity's architect: A biograpgy of Erik H. Erikson*. New York: Scribner.［やまだようこ・西平直監訳　鈴木眞理子・三宅真季子訳　2003　エリクソンの人生：アイデンティティの探求者 上・下　新曜社］
Gergen, K. J. 1991 *The saturated self: Dilemmas of identity in contemporary life*. New York: Basic Books.
Hall, G. S. 1904 *Adolescence: Its psychology and its relations to physiology, anthropology, sociology, sex, crime, religion and education*. (Vol.I & II). New York: D.Appleton.
Hartmann, H. 1958 *Ego psychology and the problem of adaptation*. New York: International Universities Press.［霜田静志・篠崎忠男訳　1967　自我の適応：自我心理学と適応の問題　誠信書房］
畑野快・杉村和美　2014　日本人大学生における日本版アイデンティティ・コミットメント・マネジメント尺度（Japanese version of the Utrecht-Management of Identity Commitment Scale; U-MICSJ）の因子構造，信頼性，併存的妥当性の検討　青年心理学研究，25 (2), 125-136.
畑野快・杉村和美・中間玲子・溝上慎一・都筑学　2014　エリクソン心理社会的段階目録（第5段階）12項目版の作成　心理学研究，85 (5), 482-487.
井上健治・柏木惠子・古沢頼雄（編）　1975　青年心理学：現代に生きる青年像　有斐閣

Josselson, R. 1980 Ego development in adolescence. In J. Adelson (Ed.), *Handbook of adolescent psychology*. New York: John Wiley & Sons. pp.188-210.

Kan, C., Karasawa, M., & Kitayama, S. 2009 Minimalist in style: Self, identity, and well-being in Japan. *Self and Identity*, 8, 300-318.

桂広介（編）　1977　青年期：意識と行動　金子書房

Kroger, J. 2000 *Identity development: Adolescence through adulthood*. Thousand Oaks: Sage. ［榎本博明訳　2005　アイデンティティの発達：青年期から成人期　北大路書房］

久世敏雄・和田実・鄭暁斉・浅野敬子・後藤宗理・二宮克美・宮沢秀次・宗方比佐子・内山伊知郎・平石賢二・大野久　1988　現代青年の規範意識と私生活主義について　名古屋大学教育学部紀要（教育心理学科），35, 21-28.

Lifton, R. J. 1967 *Boundaries: Psychological man in revolution*. New York: Random House. ［外林大作訳　1971　誰が生き残るか：プロテウス的人間　誠信書房］

Lifton, R. J. 1999 *The protean self*：*Human resilience in an age of fragmentation*. Chicago:The university of Chicago press.

Luyckx, K., Schwartz, S. J., Berzonsky, M. D., Soenens, B., Vansteenkiste, M., Smits, I., & Goossens, L. 2008 Capturing ruminative exploration: Extending the four-dimensional model of identity formation in late adolescence. *Journal of Research in Personality*, 42 (1), 58-82.

Mahler, M. S., Pine, F., & Bergman, A. 1975 *The psychological birth of the human infant: Symbiosis and individuation*. New York: Basic Books. ［高橋雅士・織田正美・浜畑紀訳　2001　乳幼児の心理的誕生：母子共生と個体化　黎明書房］

Marcia, J. E. 1966 Development and validation of ego-identity status. *Journal of Personality and Social Psychology*, 3, 551-558.

Marcia, J. E. 1967 Ego identity status: Relationship to change in self-esteem, "general maladjustment," and authoritarianism. *Journal of Personality*, 35, 118-133.

Marcia, J. E. 1980 Identity in adolescence. In J. Adelson (Ed.), *Handbook of adolescent psychology*. New York: John Wiley & Sons. pp.159-187.

Marcia, J. E. 1989 Identity diffusion differentiated. In M. A. Luszcz & T. Nettelbeck (Eds.), *Psychological development: Perspectives across the life-span*. North-Holland: Elsevier Science. pp.289-294.

Marcia, J. E., & Friedman, M. L. 1970 Ego identity status in college women. *Journal of Personality*, 38, 249-263.

Markus, H. R., & Kitayama, S. 1991 Culture and the self: Implications for cognition, emotion and motivation. *Psychological Review*, 98, 224-253.

Meeus, W., Iedema, J., Maassen, G., & Engels, R. 2005 Separation-individuation revisited: On the interplay of parent-adolescent relations, identity and emotional adjustment in adolescence. *Journal of Adolescence*, 28, 89-106.

宮川知彰　1992　青年期とは：「青年」の誕生　久世敏雄（編）　青年の心理と教育　放送大

I 自己・アイデンティティをつくる

　学教育振興会
宮川知彰・寺田晃（編）　1978　青年心理学　福村出版
宮澤康人　1998　大人と子供の関係史序説：教育学と歴史的方法　柏書房
溝上慎一　2008　自己形成の心理学：他者の森をかけ抜けて自己になる　世界思想社
溝上慎一　2010　現代青年期の心理学：適応から自己形成の時代へ　有斐閣選書
溝上慎一　2011　自己形成を促進させる自己形成モードの研究　青年心理学研究, 23 (2), 159-173.
溝上慎一　2012　青年心理学における自己論の流れ　梶田叡一・溝上慎一（編）　自己の心理学を学ぶ人のために　世界思想社
溝上慎一・松下佳代（編）　2014　高校・大学から仕事へのトランジション：変容する能力・アイデンティティと教育　ナカニシヤ出版
Munley, P. H. 1975 Erik Erikson's theory of psychosocial development and vocational behavior. *Journal of Counseling Psychology*, 22 (4), 314-319.
Munley, P. H 1977 Erikson's theory of psychosocial development and career development. *Journal of Vocational Behavior*, 10, 261-269.
村瀬学　1999　13歳論：子どもと大人の「境界」はどこにあるのか　洋泉社
無藤清子　1979　「自我同一性地位面接」の検討と大学生の自我同一性　教育心理学研究, 27, 178-187.
中間玲子　2011　青年の時間　日本発達心理学会（編）　発達科学ハンドブック3：時間と人間　新曜社
中間玲子・杉村和美・畑野快・溝上慎一・都筑学　2014　多次元アイデンティティ発達尺度（DIDS）によるアイデンティティ発達の検討と類型化の試み　心理学研究, 85 (6), 549-559.
西平直喜　1964　青年分析：人間形成の青年心理学　大日本図書
西平直喜　1973　青年心理学　共立出版
Ohnishi, H. Ibrahim, F. A., & Owen, S. V. 2001 Factor-analytic structures in the English and Japanese versions of the Objective Measure of Ego-Identity Status (OMEIS). *Current Psychology*, 20 (3), 250-259.
Rosenthal, D. A., Gurney, R. M., & Moore, S. M. 1981 From trust to intimacy: A new inventory for examining Erikson's stages of psychosocial development. *Journal of Youth and Adolescence*, 10 (6), 525-537.
Ryff, C. D. 1989 Happiness is everything, or is it? Explorations on the meaning of psychological well-being. *Journal of Personality and Social Psychology*, 57 (6), 1069-1081.
Schachter, E. P. 2004 Identity configurations: A new perspective on identity formation in contemporary society. *Journal of Personality*, 72, 167-199.
Schenkel, S., & Marcia, J. E. 1972 Attitudes toward premarital intercourse in determining Ego Identity Status in college women. *Journal of Personality*, 40, 472-482.
Schwartz, S., Zamboanga, B. L., Meca, A., & Ritchie, R. A. 2012 Identity around the world:

An overview. Schwartz, S. (Ed.), *Identity around the world*. New Directions for Child and Adolescent Development, No. 138 Winter. pp.1-18.
千石保　2001　新エゴイズムの若者たち：自己決定主義という価値観　PHP 新書
Spranger, E. 1924 *Psychologie des Jugendalters*. Heidelberg: Quelle & Meyer Verlag. [土井竹治訳　1973　青年の心理　五月書房]
杉村和美　2015　日本の青年における親からの分離　溝上慎一企画自主シンポジウム「日本の青年期発達をいかに理解すべきか：欧米の知見はどこまで適用可能なのか」　日本教育心理学会第 57 回総会
Sugimura, K., & Mizokami, S. 2012 Personal identity in Japan. In S. J. Schwartz (Ed.), *Identity around the world*. New Directions for Child and Adolescent Development, No.138. San Francisco: Jossey-Bass. pp.123-143.
Sugimura, K. Nakama, R., Mizokami, S., Hatano, K., Tsuzuki, M., & Schwartz, S. (submitting). *Working together or separately?: The role of identity and cultural self-construal in well-being among Japanese youth*.
Sugimura, K., & Shimizu, N. 2010a The role of peers as agents of identity formation in Japanese first-year university students. *Identity:An International Journal of Theory and Research*, 10, 106-121.
Sugimura, K., & Shimizu, N. 2010b Identity development in the learning sphere among Japanese first-year university students. *Child Youth Care Forum*, 40 (1), 25-41.
鑪幹八郎・山本力・宮下一博（編）　1984　アイデンティティ研究の展望 I　ナカニシヤ出版
Tiedeman, D. V., & O'Hara, R. 1963 *Career development: Choice and adjustment*. New York: College Entrance Examination Board.
都筑学　2005　小学校から中学校にかけての子どもの「自己」の形成　心理科学, 25 (2), 1-10.
van Hoof, A. 1999 The identity status field re-reviewed: An update of unsolved and neglected issues with a view on some alternative approaches. *Developmental Review*, 19, 497-556.
Waterman, C. K., & Nevid, J. S. 1977 Sex differences in the resolution of the identity crisis. *Journal of Youth and Adolescence*, 6, 337-342.

3章
アイデンティティから世代継承性へ
世代を超えたアイデンティティの生成と継承
岡本祐子

　本章では，21世紀を迎えた今日の社会の特質を概観し，それが自己とアイデンティティの発達に及ぼしている影響について考察する。次に，これもまた現代社会の特質を反映した問題であるが，これまでのアイデンティティ研究では見落とされていた世代を超えたアイデンティティの継承について論じる。これらの問題については，拙著（岡本，2014）において詳述した。ここでは，岡本（2014）の論考と研究を紹介しながら，「現代社会の中での自己とアイデンティティ」について再考してみたい。

1．時代と社会を映す鏡としての「アイデンティティ」

　アイデンティティの概念と理論は，エリクソン（Erikson, E. H., 1902-1994）の人生そのものから生み出されたものであるといっても過言ではない。エリクソンは，20世紀初頭にユダヤ人としてドイツに生まれ，実の父親の顔を知らずに生涯を送り，祖国を離れてアメリカで精神分析家・心理臨床家として活躍した。それは，「自分はどこから来たのか」「自分とは何か」「自分はどこへ行くのか」という自らのアイデンティティを常に意識し問わずにはおれない，時代，社会，家族，出自など，さまざまな面で「境界」に生きた生涯であった。
　アイデンティティは，「真の自分であること，正真正銘の自分，自己の存在証明」という意味をもつが，それは自我を核として多面体のようにさまざまな側面を持ち，時代や社会の変化に応じて，その様相を映し出す。「19世紀を支配したのが父と子の関係であったとすると，20世紀が関心をもつのは，自分自身をどのように創り上げるべきかと自問する自己制作の人間である」とエリクソン（Erikson, 1964）は述べる。20世紀後半，アイデンティティ論が心理

学の枠組みにとどまらず，社会学，教育学，文化人類学にまで及んで，これほどの隆盛をみた背景には，個の確立と人間としての自由が，この時代を代表する時代精神であったことと合致している。

21世紀を迎えた今日，社会はさらに大きく変容し，アイデンティティは新たな視点から捉えられるようになった。それらの視点は，次のようなものであろう。

(1)「個の確立」とともに「関係性」の視点からアイデンティティを捉える

アイデンティティは，自分自身が何者であるかという自己に対する主体的な是認，納得と，自分の所属する集団・社会の中に，その自分が受け入れられたときに確立する。したがって，アイデンティティにおける「関係性」の重要性については，エリクソン自身も随所に言及している。しかしながら，20世紀後半のアイデンティティ研究は，ともすればアイデンティティの「個」の確立，自立，分離－個体化という側面を強調し，人と人の関係の中から生み出されるアイデンティティの感覚をしばしば見落としてきた。「関係性」の側面からアイデンティティを捉えることの重要性は，ようやく1990年代になって注目されるようになった。それは，社会の物質的成長が行き詰まりを見せ，「共生的社会」の構築が必須であることが広く認識されるようになったことと軌を一にしている。

(2) アイデンティティの危機を生涯発達的視点から捉える

第二は，アイデンティティの危機と確立を青年期固有の課題ではなく，生涯を通じた問題として捉える視点である。これは，少子高齢社会の到来によるライフサイクルの変化，経済危機・バブルの崩壊・リストラなどの社会の不安定化により，成人期もまた安定期ではなく，アイデンティティの問い直しを迫られるさまざまな危機を内包していることが知られるようになったことが背景にある。そして，青年期に一応のところ形成されたアイデンティティは，そのまま生涯を通じて維持されるのではなく，人生の危機に遭遇するごとに問い直され，組み直されて深化・発達していくことがわかってきた（岡本，1994, 1997, 2002, 2007）。

(3) 社会に適応した様態としての多元的アイデンティティ

今日は，エリクソンが記述したアイデンティティとはかなり異なるアイデンティティの感覚を持つ青年が増加しているように思われる。「多元的アイデンティティ」もその一つであろう。近年，複数の自己を持ちながらも葛藤を抱かず，いずれも本当の自分であるという意識を持ち，複数の自分を並列させている青年が多く存在することが指摘されている（浅野，1999；辻，2004）。辻（2004）は，このような，場面において異なる自己を持ちつつも，明瞭な自己意識を持つ青年を「多元的アイデンティティ」と定義し，従来の一元的なアイデンティティとは異なる新たなアイデンティティと位置づけている。多元的アイデンティティは，一見従来のアイデンティティ拡散と類似しているように見える。しかし，木谷・岡本（2015, 2016）は，従来のアイデンティティ達成，アイデンティティ拡散，多元的アイデンティティの3タイプの青年を比較し，多元的アイデンティティ型の青年の適応性は，アイデンティティ達成型に劣らないことを見出している。この新しいアイデンティティも，複雑に多様化した現代社会への適応のスタイルとして捉えられるかもしれない。

(4) 世代を超えたアイデンティティの生成と継承

アイデンティティは，世代から世代へ受け継がれるものでもある。学問，芸術，職人の技，伝統文化の担い手などの専門家アイデンティティは，その代表的なものである。しかしながら後述するように，今日のわが国においては，その継承が危機に直面している分野も少なくない。この第四の問題については，3において論じる。

2. 現代社会の変化がアイデンティティ形成に及ぼす問題：
高度情報化社会の負の側面

ここでは，今日，アイデンティティ形成と深化に深刻な影響を及ぼしている現代社会の特質について考えてみたい。21世紀の最大の社会的変化は，IT革命による高度情報化社会の到来である。情報社会の到来によって，パソコン，携帯電話など，私たちの生活は格段にスピード化，効率化が進み便利になった。これらは，バラ色の快適な生活のように思われる。しかしその一方で，心の成

長・発達にとって，次のようなさまざまなマイナスの側面も指摘されている。

(1) ケータイ・ネット依存と「自己感覚」の脆弱化

　携帯電話やインターネットの普及は，子どもたちの心の発達にとって，深刻な影響を与えている。友人と一緒にいても会話をせず，ただひたすら携帯電話をいじっている，一日のほとんどをケータイをいじって過ごす，現実の友達よりもネット友達の方が多い，ケータイがないと不安になる，などの直接的な「症状」ばかりが問題ではない。このような過度のケータイやネットへの依存によって，バーチャル世界と現実世界の区別のつかなさ，衝動的な行動の増加，さらには生きた自分の感性や「自分」という感覚など，人間であるための基本的な力が脆弱化してしまうことが数多く指摘されている。

(2) 人に向き合う力，コミュニケーション力の低下

　ケータイ・ネット依存は，人に向き合う力や，コミュニケーション力を低下させた。このような現象は，子どもたちだけでなく，大人を含めた日本人全体の問題となっている。例えば，職場にパソコンが導入されることにより，仕事の能率は向上したが，何でもメールで済ませてしまうことになり，同僚と顔を合わせて会話や議論をする時間は減少した。インターネットや携帯電話の便利さと，人に対面する煩わしさがないことが，人と人の関係の多くをツール（道具）化し，多くの人々が効率至上主義に陥ってしまった。この現象は，単なるコミュニケーション力の低下ではなく，問題に向き合って深く考える力，あいまいなものに耐える力，相手の気持ちを察して理解する力など，人間の本質的な力の脆弱化を示唆していると思われる。

(3) 縦の人間関係の喪失

　20世紀後半から今日までの大きな社会の変化の一つとして考えられるのが，縦の人間関係の弱体化である。宗教学者 山折哲雄は，第二次世界大戦後の社会の大きな変化の一つとして，「師弟関係」の喪失を挙げている（山折，2003）。第二次世界大戦後，戦前の価値観は大きく揺らぎ，わが国は，民主主義や平等主義にもとづいた新しい社会の構築を目指してきた。このことが今日の社会の

Ⅰ 自己・アイデンティティをつくる

発展をもたらしたことは確かである。しかしながら，皆平等という人間観によって，上の世代の価値観を否定し，上の世代から学ぶことの意義を軽視し，人間関係というおおざっぱな横の関係の枠組みが重視されるようになった。社会，会社，組織の中で円満な人生を歩むためには，何事も人間関係が第一という考え方が当たり前になった。

しかし，上の世代，自世代，次世代という縦軸の人間関係を軽視したことにより，人間関係という横軸が，いつも不安定に揺れ続けることになった。現代社会はこのような横並びの人間関係では維持できなくなるところまで来ているのではないかと，山折（2003）は警鐘を鳴らす。かつて社会の随所で見られた「先生を尊敬し，力の限りを尽くして学ぶ」という師弟関係が希薄化してきたことによって失われつつあるものは少なくない。

（4）世代継承性の危機

今日は，世代継承性の危機の時代である。具体的には，継承者がいないために，途絶えようとしている高度な文化・技芸・専門分野が，現代の日本社会に多数，存在すること，戦争体験などの，継承されるべき過去の重要な事実が語り継がれないことなど，さまざまな面で上の世代の経験や知恵が受け継がれない事態が生じている。世代継承性の危機という深刻な問題には，（3）で述べたように，それらの経験や専門性・知恵・技を受け継ぐための上の世代から自世代，さらに次世代と続く縦の人間関係が希薄化していることが関連している。

改めて述べるまでもなく，わが国は長い歴史の中で，諸外国に類を見ない独自の文化と精神性を育んできた。伝統文化・技芸・職人のものつくりの技など，世界に誇るものは枚挙にいとまがない。一方，わが国の調和や関係性を重んじる人間関係の在り方，勤勉性や礼節は，情緒豊かな国民性やアイデンティティを形成してきた。これらの多くは，今日まで，幾たびもの社会の変革にもかかわらず長く受け継がれてきたわが国の土台といっても過言ではない。ところが，それらは，この20年余の間に急速に変容しつつある。つまり，上の世代の経験と知恵，専門的技とそれに伴う精神が次世代へ継承されず，断絶や消滅，弱体化の危機に直面している。

高度情報化社会の発達は，わが国の発展を支え，これから将来もこれらは重

要な課題である。しかし心の発達を，①成長期にある幼児・児童・青年，②個々人の人間生涯，③上の世代・自世代・次世代という世代性という3つの視点から見た場合，この情報社会の発展の陰にあって，劣化や喪失しているものが少なくない。次の3では，世代継承性の視点から，アイデンティティの発達について考えてみたい。

3．アイデンティティの世代継承

(1) 人間発達にとっての基本的な心理社会的課題

エリクソン（Erikson, 1950）は，広く知られているように，精神分析的個体発達分化の図式において人間生涯を8つの段階に分け，それぞれの段階に心理社会的な課題と危機があることを示した。この心理社会的課題とは，人間のそれぞれの成長段階における健全な人格や心の発達にとって不可欠な課題を意味している。乳児期には，基本的信頼感（自分を取り巻く世界と自分自身に対する信頼），幼児初期には自律性（外からの要求を受け入れ，自分の衝動を統制する力），幼児期には自主性（自己内外のバランスを保ちつつ，主体的に自分を表現できる力），児童期には勤勉性（ものごとに集中して打ち込み，持続する力），青年期にはアイデンティティの達成（主体的な自分を獲得し，社会の中に居場所を得ること）がそれにあたる。エリクソンによれば，これらの心理社会的課題が達成されると，人格的活力（virture）という心の強さが獲得される。世代継承性は成人中期の心理社会的課題であるが，これがうまく達成されるためには，先に述べた乳幼児期からの心理社会的課題が適切に達成されていることが土台になっているのである。

エリクソンの世代継承性の概念には，親による子育てから，専門家が弟子を育成すること，職業を通じて社会に貢献し，組織や社会そのものを発展させることまで，さまざまな次元の営みが含まれている。ここで強調したいのは，世代継承の営みを遂行していくためには，その土台となる人間的強さが不可欠であるということである。そのことを，エリクソンは個体発達分化の図式においてみごとに示唆した。しかしながら今日，2で述べたような現代社会の変化の中で，このような人間的強さが劣化してきていることは，深刻に受け止める必要があろう。

（2）世代継承性の概念

　世代継承性（generativity）は，エリクソンの個体発達分化の図式において，第Ⅶ段階 成人中期の心理社会的課題として位置づけられている。"Generativity"という言葉は，generation（世代）とcreativity（創造性）を組み合わせて，エリクソン自らが独創した用語で，わが国では「世代継承性」という訳語があてられている。世代継承性とは，次世代をはぐくみ育てること，次世代の成長に深い関心を注ぎ，関与すること，創造的な仕事を遺すことなどを意味する。

　また，マクアダムスとアウビン（McAdams & Aubin, 1998）は，世代継承性は，世代連鎖的関係性と自己完結的個体性の2つの特質をもつと述べている。世代連鎖的関係性とは，自分が生み出したものをはぐくみ育て，次世代へ受け継いでいく営みである。自己完結的個体性は，自分の人生において，何ものかを創造する，一つの価値の高みを自らが示すことを意味する。いずれも世代継承性の重要な側面であり，両者が入れ子のように関連しあって，世代継承性は達成されていくと考えられる。しかし改めて考えてみると，自己完結的個体性はどのように継承されるのであろうか。先代からその精神性と技を受け継ぎ，自らさらにそれを磨き上げ，次世代へ継承していく営みの具体は，あまりわかっていない。

　次世代を生み育てるという世代継承性の課題において，出産・育児，人育て，教育，ケアなど，一般的な世代性の営みはすでに成人初期から始まっている。筆者がここで考えてみたいのは，より鮮やかな形で生成され，そして継承されるであろう専門的な仕事におけるアイデンティティの形成と継承の問題である。世代継承性には，マクロな継承とミクロな継承という2つの次元が存在する。マクロな継承とは，世代から世代へ受け継がれた包括的な継承であり，不特定多数の他者を相手に，価値の世界を伝えていくことである。ミクロな継承とは，師から弟子へのman to man, face to faceの継承であり，口伝の形をとることも少なくない。ミクロな継承は，心理的なプロセスとして読み解くことができると考えられるが，いまだ未開拓の分野である。

　生涯発達の視点から見ると，アイデンティティは，青年期に一応のところそれらしい形を見せる。そしてそれに続く成人期の人生は，自分は何をして生きていくのか，人生の中で何を目指すのか，というアイデンティティの本質的な

問いに馴染む形で，他者との関係性が広がり，それは次第に確かなものになっていく。中年期以降の人生は，人生前半期に打ちこんで達成したものにさらに磨きをかける「個」の達成と，それを土台に次世代を育てていく世代継承性の，2つのテーマがいわば二重らせんのように重なり合って展開していくのであろう。しかしながら，中年期に確立・達成された専門家アイデンティティは，次世代へどのように継承されていくのだろうか。この世代継承性については，中年期のもう一つの重要なテーマでありながら，驚くほどわかっていない。

(3) 専門家アイデンティティの生成と世代継承：
  個体発達分化の図式から見た熟達のプロセス

2で述べた時代や社会の変化に伴う世代継承性の危機感から，筆者は，専門家アイデンティティの生成と世代継承性に関する研究プロジェクトを立ち上げた。この世代継承性研究プロジェクトは，上手由香，奥田紗史美，前盛ひとみ，神谷真由美，竹内一真と筆者の6名の共同研究である。その最初の研究は，3つの専門職種に対する面接によるケース・スタディであった（岡本，2014）。

研究の対象として絞り込んだのは，心理臨床家，ものつくりの世界から陶芸家・陶器職人，そして伝統文化を担う舞踊家の3つの専門職種である。この研究に，陶器職人と舞踊家を加えたのは，面接を行った筆者らの関心が強かったことだけでなく，伝統的技芸と職人の専門的世界は，まさに上の世代からのface to faceの伝承なくしては決して継承されないものであると考えたからである。個別の面接では，①上の世代から何をどのように受け継いだのかという自分自身の専門家としての自立，専門家アイデンティティ形成のプロセス，②次世代へ何をどのように受け継がせようとしているのかという弟子の自立への援助のプロセス，③世代継承の営みをめぐって師と弟子の間にはどのような関係性の特質が見られるのかについての語りをていねいに聴き，アポステリオリに分析した。この研究については岡本（2014）に詳述したため，ここでは，筆者の担当した職人の研究から得られた知見の概要を紹介したい。

専門家アイデンティティの形成プロセスは，熟達のプロセスとも捉えられる。親方に弟子入りし，その専門的職業世界の一員になってから一人前の職人として独立するまで，さらに次世代の職人を育成する心理的プロセスは，図3-1の

I 自己・アイデンティティをつくる

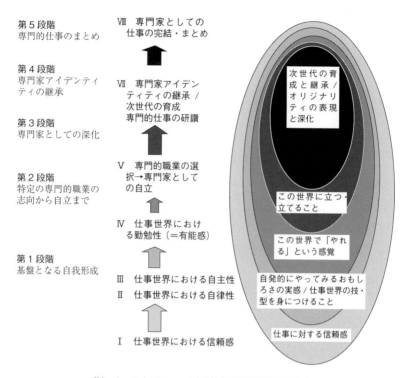

注) Ⅰ～Ⅷは，Eriksonの心理社会的発達段階に対応する
図3-1 専門的職業における熟達の質的変容のプロセス（岡本，2014）

ようにまとめることができた

また，その熟達のプロセスには，次の7つのポイントがあることが示唆された。

① 入門の主体的な意志（親方の専門的世界を主体的に選び取る）
② 仕事のシステムを体得する（仕事世界のルールを血肉にする）ことと責任性（作陶の全ラインに責任をもつ）
③ 見て覚える（感性を発揮して師を「見て技を盗む」）
④ 繰り返しの作業（繰り返して技を身につける）
⑤ 良い作品の弁別
⑥ 感性の獲得（良い作品を多く見て自分の感性を磨く）

⑦ 技と感性を発揮したオリジナリティの獲得

この専門家アイデンティティ形成のプロセス，つまりこの熟達の各段階に見られる課題を，エリクソンの図式の視点から捉えると，表3-1のように理解することができる。

表3-1　弟子と師の側から見た陶器職人のProfessionの生成と継承の段階と特質（岡本, 2014）

1. 入門		
	① 弟子の側	陶工という職業・親方の専門性を主体的に選び取る。
	② 師の側	入門者の主体性を待つ。
	③ 心理的課題	親方と仕事世界への信頼感。師と弟子が同じ世界・方向・価値を共有する。
	④ 専門的仕事世界における段階	Stage Ⅴ-1：仕事世界における信頼感
2. 仕事のシステムを体得する		
	① 弟子の側	（関心ある仕事だけでなく）雑役・重労働に耐える。
	② 師の側	仕事のルールを示す。実際に行動させる。
	③ 心理的課題	辛抱・忍耐する。この世界のルールを知りそれに従う。
	④ 専門的仕事世界における段階	Stage Ⅴ-2：仕事世界における自律性
3. 責任性		
	① 弟子の側	自分の作ったものに最後（その作品の完成）まで責任をもつ。
	② 師の側	作陶の全工程を体験させる。自立への確実な道筋（心構えと技）を示す。
	③ 心理的課題	他者と歩調を合わせつつ，自力でプロセスを遂行する。
	④ 専門的仕事世界における段階	Stage Ⅴ-2：仕事世界における自律性
4. 見て覚える		
	① 弟子の側	感性を発揮して師を見て技を盗む。技の重要なポイントを自ら発見する。
	② 師の側	親方は教えない。常に自分の仕事を見せる。
	③ 心理的課題	自発的・主体的に「見る」。
	④ 専門的仕事世界における段階	Stage Ⅴ-3：仕事世界における自主性
5. 繰り返しの作業		
	① 弟子の側	繰り返して技を身につける。作品の統一性を身につける。
	② 師の側	仕事場で共に作業する。工房の特質を明確に示す。
	③ 心理的課題	勤勉性にもとづく有能感の獲得
	④ 専門的仕事世界における段階	Stage Ⅴ-4：仕事世界における勤勉性と有能感

Ⅰ 自己・アイデンティティをつくる

---

6. 良い作品の弁別
　　① 弟子の側　　　　　　　　　　　良い作品とそうでない作品の相違がわかる。
　　② 師の側　　　　　　　　　　　　窯出し後の批評会（特に成形・絵付けの技についての教育）
　　③ 心理的課題　　　　　　　　　　仕事世界における弁別学習
　　④ 専門的仕事世界における段階　　Stage Ⅴ-4： 仕事世界における勤勉性と有能感

---

7. 感性の獲得
　　① 弟子の側　　　　　　　　　　　良い作品を多く見て自分の感性を磨く。
　　② 師の側　　　　　　　　　　　　良い作品を見せる。
　　③ 心理的課題　　　　　　　　　　感性と技を身につけた陶工としての独立
　　　　　　　　　　　　　　　　　　〈独立後〉技と感性にもとづいたオリジナリティの発揮
　　④ 専門的仕事世界における段階　　Stage Ⅴ-5： 仕事世界における自立（専門家としての自立）

　以上の知見を総合すると，専門家アイデンティティの生成と継承のために師と弟子の側に求められることは，次のようなことである。師の側に求められることの第一は，自らの獲得した専門世界・仕事を弟子に「見せ」，それに魅力を感じた人を自分の世界に「入れる」こと，「場」を与えることである。これは，師と弟子が一つの専門世界・方向性・価値観を共有することであり，相互の信頼感の形成を意味する。第二は，その専門世界には従うべきルール・きまりがあることを示し，それを身につけるように導くことである。この専門的世界におけるルールとは，作陶の技法やそれぞれの工程の遂行のし方をはじめとして，この世界で生きていくためのあらゆるきまりである。これは，専門世界における自律性を意味する。第三のテーマを付け加えるならば，それは，「見守る」という営みであろう。

　弟子の側に求められる資質は，上記の師の側に求められる課題と表裏一体のものである。つまり，師の専門的世界と仕事（そこには，師の人間性，人柄も含まれるかもしれない）に，「魅せられる感性」と「活力」であり，仕事世界のルールを血肉にする努力を支える持続のエネルギーであり，自らの主体性と感性を発揮して「見る」力である。自我の発達の基盤となる心理社会的課題が，専門的職業世界における熟達の土台となっていることは，きわめて示唆的である。

専門家としての熟達のプロセス，つまり専門家アイデンティティの形成と深化は，換言すれば，師に映し出された専門世界への同一化と内在化のプロセスである。つまり，その専門世界を主体的に選び取ること，仕事世界のルールを血肉とすること，師を「見て技・技法を盗み取る」こと，繰り返しの作業を通じて，技・技法を身につけること，仕事の中に自らの感性が表現できること，──これらは，伝統的技芸の担い手にも当てはまるところが多い。職人や技芸の世界は，親の専門世界を継承した人々が少なくない。しかしながら，青年期の職業選択あるいはその後の熟達のプロセスの途上には，育ちの中で馴染んだ世界，親（＝師匠・親方）から受け継いだものと向き合い葛藤し，最終的にはその専門世界を主体的に選び取っていくプロセスが存在する。

　本研究によって，図3-1，表3-1に示したように，エリクソンの第Ⅰ段階から第Ⅴ段階までの心理社会的課題が，専門的職業世界においても繰り返され，一人前の職人として自立するための重要な課題であることが明らかにされた。乳幼児期から青年期までの心理社会的課題が，専門的職業世界で再び，重要な心理的テーマであり課題であったことは，注目に値することである。人格形成に欠かすことのできない課題は，専門的アイデンティティの確立にとっても不可欠の課題であることが示唆されたわけである。また，上の世代（親方）もまた，弟子を育てるという営みを通じて，世代継承性という成人中期の心理社会的課題に取り組んでいた。次世代の専門家を育てる営みは入れ子構造をなし，日々，顔を合わせた師弟関係が重要な意味を持っていた。

　専門家アイデンティティの生成と世代継承性に関する研究は，まだその途に就いたばかりである。エリクソンが提出した世代継承性は，危機の発達論である。エリクソンはそれを「世代継承性　対　停滞・自己陶酔」という対概念で示した。次世代に対する深い関心とケアが行えない，自分のことにしか関心を示せない成人中期の特質を，彼は「停滞・自己陶酔」と呼んだ。アイデンティティの世代継承性には，このネガティブな側面にも目を向けることが必要であろう。さらに，世代継承のプロセスはスムーズに進まない場合も少なくない。そのプロセス自体が，発達と退行，葛藤や幻滅と離反，再接近の繰り返しの中で展開していくものである。この発達的，臨床的な視点から世代継承性のプロセスと心理力動を考察することによって，熟練を要する職人や伝統的技芸，スー

パーヴィジョンのような深い関係性にもとづいた教育が不可欠な専門分野において，その専門的経験の継承の要点が示唆されると思われる。

4．世代を超えたアイデンティティの継承における課題

（1）世代継承を担う基本的な「人間力」の育成

専門家アイデンティティの生成と継承は，青年期にその専門世界に参入した時から始まるわけではない。それぞれの専門世界を担い発展させていくために不可欠の基本的な人間的強さは，青年期以前の成長期に形成される。専門家アイデンティティ形成には，その自我の土台作りがきわめて重要である。

今日の高度情報化社会はプラスの面も数多く存在するが，1で述べたように，それが人間の心の発達に大きな弊害をもたらしていることも事実である。特に幼児期・児童期の子どもたちや青年の対人関係を形成し維持する力や，顔を合わせてコミュニケーションをとり，相手を理解する力，課題・問題をじっくり保持し深める力などは劣化していると言わざるを得ない。人間の本質的な力（基本的信頼感，他者を理解する力，人とつながる力）は損なわれつつある。この現象は，わが国だけでなく世界の先進国の共通の重大な問題となっている。私たちは，今日の高度情報化社会のプラスの側面を生かしつつ，マイナスの側面を補完する方策を考え，社会に根付かせていくことをもっと真剣に考え，実践すべきではないだろうか。このことが，世代継承を担う基本的な人間力を育成し，世代継承の営みを推進していくと考えられる。

（2）専門世界の世代継承にとっての師弟関係の重要性

第二は，真の師弟関係の重要性の認識と実践である。わが国には世代継承の危機に直面している専門分野が数多く存在する。歴史的に見ると，学問や技芸，職人の技能などの多くの世界における専門性は，師弟関係の中で継承されてきた。またわが国では，かつての時代には専門的世界に限らず，いたるところに「師弟」という人生軸が見られた。しかしながら，ここ20余年の間にいつのまにか，師弟関係という言葉は実態を失いつつある。会社組織における上司と部下の関係は，単なる個人と個人の関係となり，操作的に調停される関係になっていった。大学という世界においても，教授と学生の間に「師弟関係」という

特質が見出せるケースはかなり少なくなっている。単なる上級研究者と初級研究者であり，学生は学位を取得するためのツールとしてゼミの教授の指導を受け，大学院修了後の人間関係は消失してしまうことも珍しくない。ともすれば，効率的に研究業績の「数」を上げることをよしとする現代社会にとって，残念なことに専門性の深化とともに人格形成をも目指す「師弟関係」などは時代遅れと捉えられかねない。

　しかしながら私たちは，上の世代と自世代，また自世代と次世代との関わりの意義を改めて認識する必要があるのではないであろうか。顔と心を合わせた師弟関係の重要性を再認識し，それを学校や職場に復活させることが，真のアイデンティティ達成と深化を支え，世代継承性の危機を解決する鍵であると思われる。

文献

浅野智彦　1999　親密性の新しい形へ　富田英典・藤田正之（編）　みんなぼっちの世界　恒星社

Erikson, E. H. 1950 *Childhood and society*. New York: W.W. Norton.［仁科弥生訳　1977, 1980　幼児期と社会1・2　みすず書房］

Erikson, E. H. 1964 *Insight and responsibility*. New York: W.W. Norton.［鑪幹八郎訳　1971　洞察と責任　誠信書房］

木谷智子・岡本祐子　2015　青年期における多元的な自己とアイデンティティ形成に関する研究の動向と展望　広島大学大学院教育学研究科紀要　第三部（教育人間科学関連領域），64, 113-119.

木谷智子・岡本祐子　2016　自己概念の多面性と心理的well-beingの関連　青年心理学研究, 27, 119-127.

McAdams, D. P., & Aubin, E. S. 1998 *Generativity and adult development*. Washington, D.C.: American Psychological Association.

岡本祐子　1994　成人期における自我同一性の発達過程とその要因に関する研究　風間書房

岡本祐子　1997　中年からのアイデンティティ発達の心理学　ナカニシヤ出版

岡本祐子　2002　アイデンティティ生涯発達論の射程　ミネルヴァ書房

岡本祐子　2007　アイデンティティ生涯発達論の展開：中年の危機と心の深化　ミネルヴァ書房

岡本祐子　2014　プロフェッションの生成と世代継承：中年期の実りと次世代の育成　ナカ

I 自己・アイデンティティをつくる

　　ニシヤ出版
辻 大介　2004　若者の親子・友人関係とアイデンティティ：16〜17歳を対象としたアンケート調査の結果から　関西大学社会学部紀要，35，147-159.
山折哲雄　2003　教えることと裏切られること：師弟関係の本質　講談社

II

自己・アイデンティティを生きる

4章
現代社会におけるキャリアとジェンダー

安達智子

1. 心理社会的な性，ジェンダー

　我々が住む社会では，男・女という性別カテゴリーが暮らしのあらゆる場面についてくる。履歴書には性別欄が設けられ，玩具や持ち物，服装，言葉遣いに至るまで，あらゆる事柄において男と女は別だといわれる。人間の性は，書類の性別欄に○を付けるほど単純ではないのだが，世間は性別カテゴリーに基づいて男は男らしく，女は女らしく振る舞うことを期待する。これをジェンダーと呼ぶ。ジェンダーは，ある文化のもとで生物学的性と関連づけられる態度，印象，行動と定義されており，我々の社会では，性別に相応しくない行動をとるとジェンダー規範に従っていないと見なされる（American Psychological Association, 2015）。たとえば，男性が女々しい様を見せることや女性が男勝りな振る舞いをすることは，ジェンダー規範からの逸脱になるのだ。

　金井（2008）は，20世紀初頭に沈没した豪華客船タイタニック号の事件とそれを報じた新聞記事を引いて，当時のジェンダー規範と規範への逸脱者に向けられた社会の眼差しについて論じている。たとえば，沈み始めたタイタニック号から救命ボートへ乗り込む際に，「女性と子どもを優先」させてボートへ乗せたこと，男が弱い者に席を譲り，自分は船とともに沈む運命を選んだことは美談として報じられた。一方，こそこそとボートに乗り込んだ男や女装をしてボートに乗って助かった男は，卑怯者として激しく非難されたのだ。これらの男達が非難を受けたのは，社会が作り上げようとしている性役割を乱すからに他ならないと金井は述べている。つまり，なり振り構わず助かった男達の行動は，勇敢で紳士的，弱い者を助ける，そして女々しくないという男らしさのジェンダー規範への逸脱と見なされたのだ。

4章 現代社会におけるキャリアとジェンダー

　では，我々の社会において「男らしい」あるいは「女らしい」とは，何を意味するのだろうか。ここでは，男らしさを男性性に，女らしさを女性性に置き換えて考えてみよう。1970年代以前の心理学研究において，男性性と女性性は図4-1に示すように一次元上の両極にあると考えられてきた。そのため，男らしい者は女らしさを欠き，女らしければ男らしさを欠く，すなわち，主張と従順さ，大胆さと細やかさは個人の中に共存し得ないことにもなる。また，「男は逞しく，女は優しく」というジェンダー規範に照らすと，男性であれば左端にいくほど，女性であれば右端にいくほど社会からの期待に沿った好ましい生き方ということになる。

　これに対してベム（Bem, 1974）は，ジェンダーの二次元性を主張して，男性性と女性性を別々に測定する尺度（Bem Sex Role Inventory: BSRI）を作成し，両特性の高低を組み合わせて4つのタイプを提案した。図4-2の左上から反時計周りに，女性性が高い女性型，両特性がともに低い未分化型，男性性が高い男性型，そして，両特性を併存させたのが心理的アンドロジニーである。ベムによれば，性別に関わりなく両特性をバランスよく併せもつアンドロジニーは柔軟で社会適応も良好であるという。つまり，「男は逞しく，女は優しく」ではなく，性別に関わりなく逞しく優しいことが理想的な生き方といえる。

　男らしさや女らしさは，社会の変遷に応じて変わりゆくもので，BSRIが開発されてから30年余を経て，人々の性やジェンダーについての考え方や態度は随分と変化した。そのため現代社会において，人々が何をもって男らしさや女らしさを捉えているのか，両特性がどのように関連するかは社会の有り様を

図4-1　ジェンダーの一次元説
（Evans et al., 2010をもとに作成）

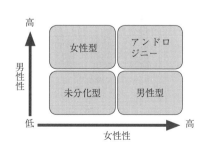

図4-2　ジェンダーの二次元説
（青野，2004；Evans et al., 2010をもとに作成）

反映してアップデイトすべきときにある (Hoffman & Borders, 2001)。しかし，当時相反する特性と考えられていた男性性と女性性を二つの次元で捉え直し，両特性を併せもつのが可能であることを示した心理的アンドロジニーの概念は，その後のジェンダー研究を大きく進展させた。

2. 男らしさと女らしさ

私達は「男に生まれた」「女である」という生物学的な性を土台にして，男らしさや女らしさを身に付ける。理論通りにいけば，「男は男らしく，女は女らしく」と，性別とジェンダーの関係は合致するはずである。だが，実際はそうではない。図4-3は，日本人を対象としてBSRIを実施した加藤 (1999) とヒロカワら (Hirokawa et al., 2000) をもとに，4つのタイプ (女性型，未分化型，男性型，アンドロジニー) の出現率を算出したものである。結果をみると，男性の男性型，女性の女性型と，性別とジェンダーが合致するセックスタイプは意外に多くない。また，男性性と女性性を兼ね備えたアンドロジニーの出現率が高いことは両研究で共通している。そればかりか，男性の女性型，女性の男性型というように性別とジェンダーが逆になるクロスセックスタイプも相当数いることが読み取れる。これより分かる通り，「男は男らしく，女は女

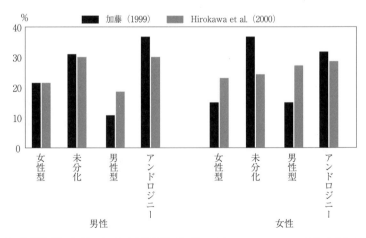

図 4-3 性別とジェンダータイプの出現率 (加藤, 1999; Hirokawa et al., 2000をもとに作成)

らしく」という期待は現実を反映していない観念で，逞しい女性がいるのも，涙もろい男性がいるのも特異なことではない。

　しかし，ジェンダー規範が働く我々の社会では，性別に合致しないジェンダーを行動化すると逸脱者であるかのように扱われる。冒頭で挙げたタイタニック号の事件しかり，現代社会においても，身体が丈夫ではなく運動が苦手な男子や，経済的に自立していない男性に対する周囲の評価は手厳しい。くわえて，男子を差し置いてしゃしゃり出る女子や，家事，子育てを夫に任せて働く女性に対する風当たりも優しいものではない。また，男は一家の大黒柱に，女は家庭を担うというジェンダー規範があるためか，適齢期を超えた未婚や非婚は，社会人の義務を果たさず責任を回避しているかのように受け取られる。大人としての年貢を収めていないということだろう。

　ジェンダー規範に合致しないクロスジェンダーの典型的な例にお転婆娘がいる。女らしさやしとやかさには欠けるが，活発に遊びまわる男子のような女子のことである。しかし，思春期に入ると男子に交じって元気に遊ぶ女子はあまりみられなくなる。何故だろう？　バーンら (Burn, O'Neil, & Nederend, 1996) の調べによれば，お転婆をしなくなる理由として最も多く挙げられるのが，友人から「男みたいだ」「男の子といつもいる」といわれたというもの，二番目が，「男子にもてたい」「男の子とデートしたい」という異性を意識したもの，そして，三番目が両親からの期待や要請であった。つまり，思春期にお転婆娘が影を潜めるのは，この時期に伝統的な女性役割への同調をせまる有無無形のプレッシャーを受けるからといえる。発達心理学では，「思春期には第二次性徴がはじまり男子は男らしさを，女子は女らしさを身に付ける」とよく説明されているが，女らしさや男らしさはホルモンだけが引き金ではない。「思春期になり第二次性徴がはじまる頃から自己の性に対する意識が強くなり，性別に応じた社会的期待を反映して，男子は男らしく，女子は女らしく振る舞うようになる」，このように書き換えてもよいのではないか。

3．幼少時からはじまる男女の棲み分け

　幼稚園の子どもに将来の夢を尋ねると，「ぼくはサッカーせんしゅになる」「わたしはピアノのせんせいになる」といった回答がよく聞かれる。ままごと

をすると，ご飯を準備する母親役の女子，会社から帰って来る父親を演じる男子と，子ども達は誰に教えられるわけでもなく性役割を演じる。このような様子がみられるのは，男女はそれぞれどのような役割を担うのが望ましいか，どのような職業や活動が相応しいかを，子ども達が観察や経験を通して学習しているからである（Bandura, 1977；Lent, Brown, & Hackett, 1994）。こうして幼少時に習得した性別と役割の対応関係は，成長してからも強固に保持され続け，青年期に行うキャリア選択にも反映される（Oswald, 2003）。その結果起きるのが，キャリア志望の性差や性別職域分離の現象で，職業世界は男性が多くを占める男性領域と女性が大半を占める女性の領域に分断される。すなわち，運転手，エンジニア，政治家などは，大半を男性が占める男性職，看護師，保育士，客室乗務員などは大半を女性が占める女性職と，性別による職業世界の棲み分け現象が起きるのだ注。

　誰かに指図を受けるのではなく，教科書で学ぶわけでもなく，我々は何に基づいて男性のすること，女性のすることという区分けをつくるのだろう？　このような疑問を感じた筆者は，男女比率とジェンダー・ステレオタイプについて調査を行った。すなわち，人々は職業に就いている男女の割合をもとに，これは男らしくて男性のする仕事，あれは女らしくて女性の仕事という判断をすると考えたのである（Adachi, 2013）。結果は予測した通りで，それぞれの職業に占める男女の比率と，人々がもつジェンダー・ステレオタイプの間に強い関連性がみとめられた。具体的には，パイロット，建築，運転手などは，男性が多いために男性的なイメージが，幼稚園教諭，客室乗務員，栄養士などは女性が多くを占めているために女性的なイメージが形成されていた。男・女というカテゴリーは単純でいずれの領域でもみられるために，職業についてイメージする際に想起されやすい情報となる。その結果，人々の頭の中では「パイロットといえば男性」「幼稚園の先生は女性」と，職業と性別が自動的に結び付くのだろう。

　つづいて筆者は，ある職業についてジェンダー・ステレオタイプをもつことが，その職業に対する自己効力にどのような関連をもつかについて調査を行った（Adachi, 2014）。結果として，男女ともに異性の領域，異性のすることだというステレオタイプをもつことが，自己効力を低下させていた。言い換えれ

4章 現代社会におけるキャリアとジェンダー

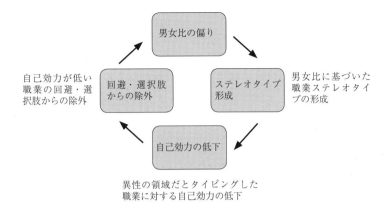

図4-4 性別職域分離再生産の心理メカニズム

ば，男性は女性的な領域であるとのイメージをもつことが自己効力を下げ，女性は男性的な領域だとのイメージが自己効力の形成を妨げる。

　人は，異性のやることだ，異性向きである，もしくは自分の性別に相応しくないと認識すると，調べたり，情報を得たり，試してみる前に自己効力を低下させる。むろん自己効力が低い領域に対しては，チャレンジせずに関わりをもつ機会を避けるだろう（Bandura, 1986）。こうして，異性のイメージがついた職業は将来のキャリア選択肢から省かれてしまうのだ。つまり，異性が多くを占める職業は，能力や適性がないからではなく，社会的にみて自分の性別に相応しくないがゆえに自信がもてずに敬遠する。こうして図4-4に示すごとく，男女比率→ジェンダー・ステレオタイプ→自己効力の低下→男女比率の再生産という悪循環が繰り返され，今ある性別職域分離は未来でも再生産され続けるだろう。

4．性役割分業

（1）ワーク・ホーム・インタフェース

　ここでは，狭義のキャリアを指す仕事や職業から，広義のキャリアである働き方や生き方全般へと視点を広げてみよう。人々が仕事と家庭の間にどのような調和をもとめ充実させていくか，これをワーク・ホーム・インタフェー

II 自己・アイデンティティを生きる

スという (Kreiner, Hollensbe, & Sheep, 2009)。我々の社会では長きにわたって「男は仕事，女は子育て」という性役割分業が行われ，個人内でのワークとホームの調和については重視されてこなかった。これは日本に限られたことではなく，諸外国では「男は家を建て，女は家庭をつくる (Men make houses, women make homes)」「男が稼ぎ，女は世話をする (Men are bread winners, women are caregivers)」などの表現がみられる。

　読者はこれらの言い回しに何を感じるだろう。男が先で女はそれに続いて表現されており，筆者には，男性を優位とする男女の非対称性が感じられる。また，性役割分業と絡んだ表現として，「誰に食べさせてもらってるんだ」「ただ飯食いやがって」は，家事や育児などの無償労働を軽んじた表現に聞こえる。一方，「男は稼いでこそ」「稼ぎの悪い男」からは，稼げない男性に対する蔑みが感じられ，収入の低い男性や専業主夫を生きづらくさせるのではないか。しかし，いずれも古めかしくて随分と昔の慣習のようにも聞こえる。今の日本社会では，こうした伝統的性役割分業は解消され，男も女もワークとホームを調和させられる時代になっただろうか。ここでは，「ガラスの天井」と「ガラスの地下室」というキーワードをもとに考えてみよう。

(2) ガラスの天井と地下室

　ブライアント (Bryant, 1984) は，企業社会の階層構造において女性が一定のポジションから昇格できない現象をさして，「女性はガラスの天井に頭をぶつけて上に行けないことに気がつく」と表現している。すなわち，規則や制度などの表向きは，性別に関わりなく昇進や昇格のチャンスが付与されている。しかし実際のところ，女性の頭上には見えない天井があるかのように活躍のチャンスを阻まれる，このような状況を言い表したものである。さて，当時から30年余を経て，男女共同参画が謳われる今の日本社会において，ガラスの天井は打ち破られたのだろうか。

　世界経済フォーラムの調べによると，2014年のジェンダー・ギャップのランキングで日本は142か国中104位と，前年の105位からわずか1ランク順位を上げただけで相変わらず低迷が続いている (World Economic Forum, 2014)。ときの安倍内閣では，女性 (women) を経済 (economic) 成長の柱にすえた

「ウーマノミクス」を掛け声に，2020年までに指導的地位に占める女性の割合を30%にまで増やすという数値ターゲットを設定した。しかしながら，2013年度における女性の管理職者の比率は7.5%と，野心的な数値目標との間には大きな隔たりがある（日本経済再生本部，2014）。最新の報告でも，企業における女性管理職者の割合はわずか6.4%，そればかりか女性の管理職がいない企業は50.9%と（帝国データバンク，2015），ガラスの天井を打ち破るのは容易ではなさそうだ。

　ガラスの天井で昇進を阻まれる女性に対して，男性はガラスの地下室に閉じ込められて過酷な状況で労働を強いられるというのがファレル（Farrell, 1993）の主張だ。ガラスの地下室は，稼ぎと引き換えに危険な作業，長時間労働，プレッシャーに晒されながら働くことを余儀なくされる男性達の窮地を表現したものである。男女不平等の被害者は決して女性だけではなく，固定化された男性役割や社会からの圧力に押し潰されそうな男達もまた不平等の犠牲者なのだ。

　固定化された男性役割のなかでも男のメンツに着目したのがラトリフとオオイシ（Ratliff & Oishi, 2013）で，男女カップルを対象とした一連の実験から，パートナーが優秀なときに男性の自尊感情が低くなるという現象を見出している。図4-5は，自分のパートナーが成功する場面（Partner-Success群）あるいは失敗をする場面（Partner-Failure群）を描写させた後に自尊感情を測定したものである。結果には明らかな男女差がみられ，女性は両群の間に差

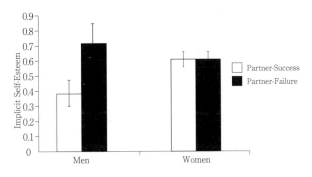

図4-5　パートナーの成功・失敗と自尊感情の関係（Ratliff & Oishi, 2013）

異がみられなかったのに対して,男性はパートナーが成功する話を描写したPartner-Success群の自尊感情が低くなった。描写のかわりに,パートナーが成功したことを聞かされるという実験においても,男性はパートナーが成功すると自尊感情が下がることが見出された。ここで測定されたのは,本人も無自覚なまま自発的,自動的にもつ潜在的自尊感情であることから,パートナーの成功が,男性本人さえ気付かぬうちに自尊感情を低下させることが分かる。メンツやプライドにこだわる男性性の危うさを示した結果といえるだろう。

5. ジェンダーに囚われない生き方

(1) ジェンダーに抗う

性別を理由とした社会からの圧力に負けまいとするとき,我々はどのようなリアクションをとるのだろう。トークニズムの理論(Kanter, 1977;Zimmer, 1988)を用いて考えてみよう。組織における多数派の中にわずかに含まれる少数派のことをトークン,人数の偏りゆえに生じる現象をトークニズムと呼ぶ。たとえば,大多数を女性(男性)が占める職場において男性(女性)はトークンになり,周囲から注目されて話題やゴシップの的になりやすい。また,男だから主張できるはず(女ならば気配りするべきだ)と,本人の個性ではなく性別カテゴリーに基づいて期待や評価を受ける。さらには,数少ない男性(女性)の代表として,常にプレッシャーを背負いながら過ごすことになる。一方,多数派のメンバー達は,トークンに対して故意に自分達のジェンダーを強調して振る舞う傾向がある。たとえば,男性の多数派メンバーが,トークンの女性の前でわざと卑猥なジョークをとばしたり,女性の多数派メンバーが男性トークンの前でわざと化粧やファッションの話に花を咲かせるといったことだ。このように,異性が優位な領域では,性別職域分離の高い壁を乗り越えた後にも,少数派のトークンとしていかに多数派とやり合うかという難しい課題が待ち受けている。

こうした状況に対応するためにトークンがとる方略には,大きく分けて2つのパターンがある(Kanter, 1977;Zimmer, 1988;阿部, 2010)。ひとつは,自らのジェンダーを強みとしたもので,女性であれば女性らしくその場を和ませる存在になる,もしくは職場の花になり周囲から可愛がられるように振る舞

う。男性であれば、多数派の女性にはない頼りがいや行動力などの男らしさを発揮するという方略である。他のひとつは、多数派のやり方を受け容れ順応することで、極力目立たないよう大多数に同化する方略である。たとえば、女性で唯一の営業職になったのだから、この際女であることは忘れて他の男性社員とともにトコトン飲み会に付き合う。あるいは、唯一の男性保育士になったのだから、周りと同じように母親的な子どもとの接し方に努めるという方略である。このように、トークンが用いるストラテジーは、性別による差異を認めたうえで多数派に従い同化するのか、あるいは多数派とは正反対の特性を強調するかという両極端な方略といえる。

(2) Having ではなく Doing、そして Creating へ

トークニズムへの対処法は、男性と女性は異なることを前提としたうえで、自らのジェンダーをいかに行動化するかという戦略であった。この点においてトークンの生き方は、性別カテゴリーやジェンダーに縛られたままだといわざるを得ない。そうではなく、従来のジェンダーにまつわる観念そのものを取り払う、そんな生き方はできないだろうか。そもそもジェンダーは、染色体や生殖器のようにもって生まれた差異ではない。性別に応じて期待される生き方を受け容れ、社会からみて望ましいかたちで行動化したものだ。ウエストとジマーマン（West & Zimmerman, 1987）は、ジェンダーは我々が"having"しているのではなく、"doing"しているのだと指摘する。そして、世の中に男・女というカテゴリーが存在する限り、我々はジェンダーに基づく期待に応えて"doing gender"をし続けるという。だが、そのような社会やシステムを作ったのも根付かせたのも我々であり、それを止めるのも、"doing gender"にとって代わる生き方や社会を"creating"するのもまた我々なのである（West & Zimmerman, 2009）。

伝統的な性役割に基づく生き方を取り払い、我々はどのような生き方を"creating"できるだろうか。たとえば福本（2008）は、男らしさや女らしさに囚われず、男女がともに一人の人間として行動する、あるいは、男らしい部分と女らしい部分を併せもつことを「アンドロジニーな生き方」として提案している。一人の人間が、男性性と女性性を併存させることにはどのような利

点があるのだろうか。たとえば人とのコミュニケーションである。ヒロカワら（Hirokawa et al., 2000）は，初めて会った人と対話をする場面で，人々がどのような行動やリアクションをみせるかについて調べている。その結果，両性の特徴を兼ね備えたアンドロジニーは，神経質にならずに会話の内容も豊富で，相手の緊張や落ち着かなさを緩和することが上手くできていた。同じくホン（Hong, 2008）も，男性性と女性性の双方を備えることが柔軟で適応的な生き方につながることを指摘している。ここで強調されているのは，心理的アンドロジニーとして生きることは，男女差を無視したり，男女が同じように振舞うことを意味するのではなく，人々が性別の枠に囚われずに自分らしく振舞うことである。ホンはこれを「より人間らしく行動し生きること」と表現している。

　困ったときや辛いときに，誰かに相談したり弱音を吐くことは女らしい行動であるために，多くの男性は悩みを自身の内に抱え込む。我慢や頑張りが過ぎて過労自殺や過労死に至るのは圧倒的に男性が多い（斎藤，2015）。一方，男性優位な重役会議やミーティングで，多くの女性は主張や反論ができずに黙り込む（Heath, Flynn, & Holt, 2014）。社会のジェンダー規範に沿った生き方をするなかで，我々は自分らしさを見失ってはいないだろうか。目に付きやすく単純であるがゆえに，男・女というカテゴリーはあまりにも強調され，我々の生き方を縛り過ぎてきた。人の個性は，男・女で説明できるほど単純なものではないはずだ。自分らしさや生き方について考えるときに，男・女という二分法的な枠組みを捨て去ることはできないだろうか。手放すことが難しくても，せめてその優先順位を低くすることから始めてみたい。

注　性別職域分離の現象は、本章で扱う心理的要因の他にも様々な社会構造的要因の影響を受けている。

文献

阿部真大　2010　職場と居場所：居場所づくりの二類型　小谷敏・土井隆義・芳賀学・浅野

智彦（編）「若者の現在」労働　日本図書センター

Adachi, T. 2013 Occupational gender stereotypes: Is the ratio of women to men a powerful determinant? *Psychological Reports*, 112, 640-650.

Adachi, T. 2014 Occupational gender stereotypes among university students: Their relationships with self-efficacy and gender attitudes. *Japanese Association of Industrial/Organizational Psychology Journal*, 27, 87-100.

American Psychological Association 2015 Definition of terms: Sex, gender, gender identity, sexual orientation.（http://www.apa.org/pi/lgbt/resources/）（2015年6月10日閲覧）

青野篤子　2004　「女性」とは？「男性」とは？　青野篤子・土肥伊都子・森永康子　ジェンダーの心理学：「男女の思いこみ」を科学する［改訂版］　ミネルヴァ書房

Bandura, A. 1977 Self-efficacy: Toward a unifying theory of behavioral change. *Psychological Review*, 84, 191-215.

Bandura, A. 1986 *Social foundations of thought and action: A social cognitive theory*. NJ: Prentice-Hall.

Bem, S. L. 1974 The measurement of psychological androgyny. *Journal of Consulting and Clinical Psychology*, 42, 155-162.

Bryant, G. 1984 *The Working Woman Report: Succeeding in business in the 80's*. NY: Simon & Schuster.

Burn, S. M., O'Neil, A. K., & Nederend, S. 1996 Childhood tomboyism and adult androgyny. *Sex Roles*, 34, 419-428.

Evans, N. J., Forney, D. S., Guido, F. M., Patton, L. D., & Renn, K. A. 2010 *Student development in college: Theory, research, and practice* (2nd ed.). CA: Jossey-Bass.

Farrell, W. 1993 *The Myth of Male Power*. New York: Berkley Trade.［久米泰介訳　2014　男性権力の神話　作品社］

福本俊　2008　Androgynyな生き方尺度の提案　日本家政学会誌, 59, 805-811.

Heath, K., Flynn, J., & Holt, M. D. 2014 Women, Find Your Voice, Harvard Business Review.（https://hbr.org/2014/06/women-find-your-voice/）（2015年1月10日閲覧）

Hirokawa, K., Dohi, I., Yamada, F., & Miyata, Y. 2000 The effects of sex, self-gender type, and partner's gender type on interpersonal adjustment during a first encounter: Androgynous and stereotypically sex-typed couples. *Japanese Psychological Research*, 42, 102-111.

Hoffman, R. M., & Borders, L. D. 2001 Twenty-five years after the Bem Sex-Role Inventory: A reassessment and new issues regarding classification variability. *Measurement and Evaluation in Counseling and Development*, 34, 39-55.

Hong, G. C. 2008 The concept of androgyny and its application in clinical and counseling psychology: A literature review. *Kyushu University Psychological Research*, 9, 171-178.

金井嘉彦　2008　タイタニックを読む　中野知律・越智博美（編著）　ジェンダーから世界を読むⅡ：表象されるアイデンティティ　明石書店

Kanter, R. M. 1977 *Men and Women of the Corporation*. NY: Basic Books.
加藤知可子　1999　BSRI 日本語版による性役割タイプの分類　広島県立保健福祉短期大学紀要, 4, 7-11.
Kreiner, G. E., Hollensbe, E. C., & Sheep, M. L. 2009 Balancing borders and bridges: Negotiating the work-home interface via boundary work tactics. *Academy of Management Journal*, 52, 704-730.
Lent, R. W., Brown, S. D., & Hackett, G. 1994 Toward a unifying social cognitive theory of career and academic interest, choice, and performance [Monograph]. *Journal of Vocational Behavior*, 45, 79-122.
日本経済再生本部　2014　「日本再興戦略」改訂 2014：未来への挑戦
Oswald, P. A. 2003 Sex-typing and prestige ratings of occupations as indices of occupational stereotypes. *Perceptual and Motor Skills*, 97, 953-959.
Ratliff, K. A., & Oishi, S. 2013 Gender differences in implicit self-esteem following a romantic partner's success or failure. *Journal of Personality and Social Psychology*, 105, 688-702.
斎藤圭介　2015　〈男らしく働く〉ことのジレンマ，DIO 連合総研レポート，304, 8-11.
帝国データバンク　2015　女性登用に対する企業の意識調査（http://www.tdb.co.jp/report/watching/press/p150806.html）（2015 年 8 月 15 日閲覧）
West, C., & Zimmerman, D. H. 1987 Doing gender. *Gender and Society*, 1, 125-151.
West, C., & Zimmerman, D. H. 2009 Doing gender. In Plante, R. F., & Maurer, L. M. *Doing gender diversity: Readings in theory and real-world experience*. CO: Westview Press.
World Economic Forum 2014 Global rankings, 2014.（http://reports.weforum.org/global-gender-gap-report-2014/wp-content/blogs.dir/60/mp/files/pages/files/gggr-2014-table-3.pdf）（2015 年 4 月 4 日閲覧）
Zimmer, L. 1988 Tokenism and women in the workplace: The limits of gender-neutral theory. *Social Problems*, 35, 64-77.

5章
高齢者のアイデンティティ
ライフヒストリーの生成と変容

野村晴夫

1. 日本の高齢者の社会的背景

　世界保健機構（WHO）によれば，65歳以上の高齢者人口が総人口に占める割合である高齢化率が7%を超えると高齢化社会（aging society），14%を超えると高齢社会（aged society），21%を超えると超高齢社会（super aged society）と呼ばれる。日本における高齢化率は，2014年現在で26.0%に至り，世界最高水準に達している。日本はこの高齢化の速度も，諸外国に比べて著しく速い。高齢化率が7%を超えてから14%に至るまでの所要年数は，フランスでは126年，スウェーデンでは85年，イギリスでは46年，ドイツでは40年であったのに対して，日本では24年だった。将来的には，人口減少と相まって，2060年の高齢化率が39.9%と推計されている（内閣府，2015）。したがって，ある時点での人口比率においても，また，ある期間での人口の推移においても，日本は他に類を見ない高齢化を迎えている。

　高齢化を促す要因の一つは，長寿化である。平均寿命に着目すると，日本は2014年時点で，男性が80.50歳，女性が86.83歳と，世界最高水準を維持している（厚生労働省，2015）。一方，高齢期の生活・生命の質を考え合わせると，平均寿命のみならず，健康寿命にも目を向ける必要がある。健康寿命は，介護が必要になり，自立した生活が営めなくなった期間を平均寿命から差し引いて算出される。日本における健康寿命は，2010年時点では，男性では70.42歳，女性では73.62歳となっている（内閣府，2013）。平均寿命も健康寿命も，共に伸長を続けてはいるものの，2001年から2010年の間の延びを比べると，平均寿命が男性で1.48年，女性で1.37年であったのに対して，健康寿命は男性で1.02年，女性で0.97年である。平均寿命の伸長に比べれば，健康寿命の伸

Ⅱ 自己・アイデンティティを生きる

長は緩やかである。誰かの手を借りながら生きていく局面は、多くの高齢者にとって避け難い。

こうした人口動態から個々の社会生活に目を移し、ライフスタイルとライフコースの点から、現代日本の高齢期の特徴を見てみよう。まずライフスタイルを表す世帯構成については、高齢化の進展とともに、高齢者を含む世帯が増加傾向にあり、全世帯の4割を占めるに至っているが、なかでも、高齢者のみの一人暮らしの増加が著しい（内閣府、2015）。高齢者のうちで一人暮らしする人の割合は、1980年には男性で4.3%、女性で11.2%であったのに対して、2010年には男性で11.1%、女性で20.3%に増加した。この傾向は、将来的にも続き、2035年には男性で16.3%、女性で23.4%と推計されている。一人暮らしをする高齢者や、夫婦のみで暮らす高齢者が増加する一方で、減少しているのが、子と同居する高齢者である。高齢者全体に占めるその割合は、1980年には69.0%であったのに対して、2010年には42.2%に減少した。高齢者全体から見れば、依然として子と同居する高齢者が相対的に高い割合を占めるものの、高齢者の典型的な家族形態は、子や孫を含む三世代同居から、夫婦のみや単独といったものに、変容してきた傾向が読み取れる。地域コミュニティの希薄化を背景に、個の重要性の高まりという意味で、個別化が進んでいるといえるだろう。上述の通り、健康寿命が延びているとはいえ、それを上回る速さで平均寿命が延びている現況に鑑みると、誰かの手を借りる際に、好むと好まざるとにかかわらず、同居家族以外の手に期待せざるを得ない。

ライフコースの点では、上述した平均寿命の伸長に伴って、高齢期が長期化した。高齢者といえども、特に75歳未満の前期にある人は、仕事や子育てから退いたとはいえ、活動性は高く、高齢期全体を「余生」というには、その生活の質と、期間の長さの双方において、はばかられる。経済的には、持てる者、持たざる者の差が大きく、健康状態の差も考慮すれば、高齢期のライフコースは大きな個人差をはらんでいる。

以上の通り、現代の日本では、社会全体の人口動態の点においても、また、個人のライフコースの点においても、高齢期の存在感が高まっている。では、こうした現代の日本社会における高齢化、ライフスタイルの個別化、ライフコースにおける高齢期の長期化と多様化は、高齢者のアイデンティティにどの

ように影響するだろうか。エリクソンら（Erikson et al., 1986/1990）によれば，高齢期のアイデンティティの課題は，自我の統合にあるとされてきた。その内実は，過去の肯定的・否定的出来事を含めて，自身の来し方を受容するところにある。来し方は，その人のライフヒストリーに現れる。そしてライフヒストリーは，過去の経験を筋立て，意味づける物語・語り（narrative）の機能に負うところが大きい。そこで，以下では，高齢者を取り巻くこうした現況におけるアイデンティティの様相を，それを支えるライフヒストリー，物語・語りに着目して考えてみよう。

2．高齢期のアイデンティティと語り

　アイデンティティと語り・物語との間には，密接な関連が想定されてきた。特に，「私とは何者であるのか」という問いに答え得る「自己語り」（self-narrative）と呼ばれる語りは，アイデンティティと表裏一体の関係にある。たとえばポーキングホーン（Polkinghorne, 1988）は，「語る」という営みによってこそ，過ぎ去る時間は人間にとって有意味な「自己」という単一性に変換されると述べる。また，リクール（Ricoeur, 1985）が言うところの物語的同一性は，人の生涯にわたる同一性を正当化する装置としての物語の機能によって獲得される。こうした提起を調査研究によって検証しているマクアダムス（McAdams, 1985）は，アイデンティティとは，人生にまとまりある意味を与える過去・現在・未来の物語による統合であると定義している。

　アイデンティティと語り・物語との密接な関連は，高齢期においても唱えられてきた。高齢期に自分自身を語ること，自分自身についての物語を作ることの意義に着目した一人に，エリクソンがいる。彼は，高齢期の物語能力を，「長い歴史と物語という泉に満々と貯えている強い力」と表現している（Erikson et al., 1986/1990）。「長い歴史」を「強い力」とするには，過去に生きた時間を個人の歴史，すなわちライフヒストリーに編むことが求められる。

　ライフヒストリーは，出来事を羅列しただけでは，成り立ちにくい。出来事と出来事をつなぎ合わせる働きがある，語りや物語は，こうしたライフヒストリーの構成を担っていると考えられてきた。アイデンティティの形成・維持に関わって，語りや物語が担う機能は，経験の組織化と人生の意味づけ

(meaning)としてまとめられるだろう。まず，経験の組織化については，たとえば，自身の過去について語ることが，平素の生活の通常性に生じた例外的な逸脱性を理解可能な形にし，再び通常性を取り戻すとされる（Bruner, 1990/1999）。さらに，やまだ（2000）もまた，物語が求められるのは，「自己と他者の亀裂や，前の出来事と後の出来事とのあいだの裂け目が大きくなったとき，それらをつなぎ，意味づけ，納得する心のしくみが必要なとき」であると考えている。ライフヒストリーは，不断に要請されるわけではない。ライフは生きられるものであり，常日頃から語られるわけではなかろう。ライフヒストリーという物語がその人に要請されるのは，ライフが滞ったり，行き詰まったり，あるいはまた，新たなライフが始まったりした際と思われる。それらの契機によって，過去に目が向けられ，過去の出来事と出来事の間，もしくは過去の出来事と現在進行している出来事との間に，何らかの断絶や矛盾が生じると，それらの出来事をつなぎ合わせ，理解しようとする意志が働く。このような断絶や矛盾を理解可能な形につなぎ合わせる語りの働きは，経験の組織化と呼べるだろう。

　自身の過去についての語りや物語は，人生の意味づけを担ってもいる。「意味は，時間の流れのなかで，2つ以上の出来事をむすびあわせる物語行為のなかで発生」すると，やまだ（2000, p.11）は述べる。生きられたライフが，語られるライフになるとき，そこに紆余曲折をはらみつつも一貫した連続性を見出し，自身や身近な他者，あるいは社会にとっての意味を見出すことが可能となる。そして，人生を意味づける機能は，とりわけ中年期以降，高齢期に至るまでの生涯発達の諸局面で，重要な課題とみなされてきた。中年期という人生の折り返し点に立ち，人生の後半を見通し，将来の目標を見直すとともに，世代継承性（generativity）と称される次世代の育成を企図するためには，自身の歩んだ生活史に意味を見出すことが求められる。

　このように，自己語りに期待される経験の組織化や人生の意味づけ，その帰結としてのアイデンティティの達成という機能は，高齢期に重要性を増すと考えられている。高齢期には，身体的機能の衰退や，定年退職，家族・知人との離・死別をはじめ，さまざまな喪失経験が避けがたい。これらの経験を経て，もしも人生の意味に懐疑的になると，虚無感にさいなまれることもあるだろう。

人生の有意味性は，幸福な老いに寄与している（Marcoen, 1994）。こうした人生の意味は，どのようなライフヒストリーが生成されるかにかかっていると考えられてきた（Kenyon, 1996；Wong, 1998）。では，日本の高齢期においては，ライフヒストリーという語りが，経験の組織化や人生の意味の獲得といった働きを通じて，アイデンティティの達成をいかに支えているのであろうか。

3. アイデンティティを支えるライフヒストリー

　ライフヒストリーの萌芽は，自分の経験を親などの身近な他者に語る，幼児期の物語能力に見出すことができる。重要なライフイベントに限らず，私たちは，日常的に日々の出来事を他者に語る。発達的にみれば，幼児期から，私たちは過去を語ることに動機づけられるとともに，身近な他者との間で語り方を身につけていく。たとえばフィバッシュ（Fivush, 1991）らによれば，幼児期において，過去の出来事は，時間的な順序関係のもとに布置されるとともに，因果関係の網の目に組み込まれて，語られるようになる。その場に居合わせる養育者らは，子どもとの間で過去の出来事について話すなかで，子どもの語りの情報を精緻化するように，質問を繰り出し，伝え返したりする。こうした養育者からの質問を含む応答を通じて，幼児は，何をいかに想起して語るかを，身につけていく。これらを想起し，語ることの獲得過程は，いわば，想起の社会化の端緒といえるだろう。この過程は，連綿と続く記憶のなかでも，何を刻み込み，何が他者に対して語るに値するかを身につけるという意味で，個人の内にある記憶が個人と個人との間に位置づけられていくことに通じる。やがて，青年期から成人期にかけて，時間的順序性や因果性が精緻化され，一貫してより複雑なライフヒストリーの語りが現れてくる（Habermas & Bluck, 2000）。
　このように獲得されるライフヒストリーの語りに，高齢期のアイデンティティの様態を見出そうとする試みが続けられてきた。それらの研究のなかには，「何を」語るかというライフヒストリーの内容以上に，「いかに」語るかというライフヒストリーの構造や形式に着目したものがある。ライフヒストリーの内容は，肯定的な出来事も否定的な出来事も含め，人によって多種多様である。しかし，それらの出来事をいかに語るかといったライフヒストリーの語りの構造や形式は，出来事を配列する筋立てとして働き，出来事の内容は異なる

II 自己・アイデンティティを生きる

にしても，それを語る構造や形式には，ある種のパターンがあり，そこにその人らしさが表れている可能性がある。そして，語りの構造や形式は，出来事と出来事を結ぶ筋立てとして働くため，出来事の意味をもたらす。たとえば，高齢期に至って自宅から高齢者施設に転居したとしよう。その出来事は，客観的な事実としては揺るぎ難い。しかし，この出来事を，主観的にどのように自身のライフヒストリーのなかに位置づけ，意味づけるかは，必ずしも出来事から一意に定まるわけではない。ある女性高齢者は，こうした転居について，「神様が見ててくださったんだな」「亡くなった父や母やね，夫や子どもたちに守られて今生かされてる」と，神仏や看取った家族から与えられた恩恵であるといった超越的な因果論に依拠して語る（野村，2005）。また，ある男性高齢者は，やはり高齢者施設への転居について「私はこんないいところ入れたことは輪廻転生（ゆえ）」と，自分を超えためぐり合わせという因果論に依拠して語る。さらには，自身も直接は与り知らない祖先から脈々と流れる家族の歴史という長大な時間軸に位置づけて，我が身に起きた出来事を語ったりする高齢者もいる。ライフヒストリーという語りの構造の主な骨格は，出来事の時間関係を紡ぐ時間的順序性，出来事の原因と結果を結びつける因果性，出来事の全体的なテーマを提示する主題性からなる（野村，2005）。高齢者が語るライフヒストリーの時間的順序性には，個々の出来事を時系列的に結びつけるだけではなく，出来事を自身の生きてきた時間を超えた歴史上の出来事と結びつけることも見受けられる。因果性には，特定の宗教信仰がなかったとしても，故人や神仏など，自分を超える存在が我が身に出来事をもたらす因果性も含まれる。さらに，詩歌や信条などのテーマに依拠させて，自分のライフヒストリーを一貫したものにしようともする。

　では，こうしたライフヒストリーの語りの構造は，アイデンティティの様相に，どのように結びついているのだろうか。ライフヒストリーの語りの構造的特徴は，アイデンティティの特徴との間に，系統的な関連が見出せるのではないかとの予測のもと，高齢期のアイデンティティとライフヒストリーの語りの関連が探られてきている。たとえば野村（2002）では，地域在住の高齢者を対象に，アイデンティティの達成度が測定された上で，自身の性格特性にまつわるライフヒストリーの語りが収集された。肯定的なものと否定的なものの両者

からなる性格特定語を，過去の経験から例証してもらったのである。その一方，アイデンティティは，既存の質問紙によって捉えている。こうした手続きによって，高齢者が自己認識する性格特性に密接に関わる，いわば自分という存在を定義する経験についてのライフヒストリーが引き出される。そして，このライフヒストリーが，いかに語られたのかという，語りの構造的特質に基づいて，評定された。構造を捉える3つの観点は，出来事をどれほど具体的に絞り込むかという特定性，出来事にどれほどの情報量を盛り込むかという情報性，テーマである性格特性にどれほど結びつけられているかという関連性である。これらの観点から上述のライフヒストリーを分析したところ，特定性についてはアイデンティティ達成度との間に，一貫した傾向を読み取ることは困難であったが，情報性と関連性とアイデンティティ達成度との間には，関連がみられた。すなわち，アイデンティティ達成度の低い高齢者では，とりわけ否定的な性格特性についてのライフヒストリーの語りにおいて，主題である性格特性との関連性が低く，情報量が多いという構造が見出された。つまり，アイデンティティ達成度の低い高齢者においては，自身の否定的な側面に関わるライフヒストリーを語ろうとすると，その話題から逸れながら，なおかつ冗長になりやすかった。自我の統合という高齢期の発達課題に困難を抱える高齢者にとって，自らの否定的な側面に密接に関わる経験を語ろうとすると，困惑や混乱が生じ，ライフヒストリーのほころびを表してしまうのではないだろうか。これらの研究からは，高齢期のアイデンティティが，過去のライフヒストリーにおける出来事を，肯定的なものも否定的なものも含めて，受け容れて語ることと関連することを示している。

4．ライフヒストリーの生成

以上の通り，アイデンティティの一端は，ライフヒストリーによって担われている。しかし，アイデンティティもライフヒストリーも，いったん確立されればその後は終始安定しているようなものではないのだろう。アイデンティティは，「名詞ではなく動詞として読み，静止的な不変の状態ではなく（中略）統合してゆくプロセスとして読みこむ」ことが必要といわれる（西平，1993）。そしてまた，アイデンティティを構成するライフヒストリーにも，そこに在る

II 自己・アイデンティティを生きる

ものという静的な側面だけではなく，そう成るものという動的な側面がある。

ライフヒストリーは，出来事と出来事がつなぎ合わされる物語的な性質を持つとともに，時としてそれが他者に向けて語られるコミュニケーション的な性質を持つ。アイデンティティを支えるライフヒストリーは，それが言葉を得て，さらには他者に向けて表出されることで，生成される。日常生活のなかで，言語化される出来事は，出来事の全体像に比べれば，一部に留まる。そもそも，流れ行く時間のなかで，一部を切り取る分節化があってこそ，その時間は出来事として認識される。そのため，ライフヒストリーを構成する出来事は，生きられた時間を振り返る再帰的な眼差しがあってこそ，成り立つものといえるだろう。

こうしたライフヒストリーが生成される微細なプロセスは，図5-1のように表せる。生きられた時間の一部が，想起の働きによって，出来事として認識される。ただし，ここではまだ，言語化は必ずしも伴わない。視覚的なイメージや，聴覚的な音声など，それぞれの感覚様相に基づく非言語的なものが多くを占めるはずである。想起には，自らの意志によって意図的に生じる随意なものもあれば，意志にはかかわらず無意図的に生じる不随意なものもあるだろう。ことさらに外傷的な記憶を持ち出さずとも，私たちの日常生活に生じる想起の多くは，不随意である。想起された出来事が，いわば対自的な「内なる語り」として，その人の内部で省みられることがある。その契機は，その人を今取り巻いている状況や，進行中の行為などかもしれない。こうして言語化された出来事の一部は，「外なる語り」として，他者に向けて表出されることがある。

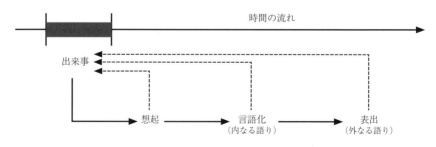

図 5-1　ライフヒストリー生成の微細なプロセス

その契機は，世間話や自叙伝のように，人から問われて答えたり，自らの足跡を残したりするための，対他的なものかもしれない．むろん，すべての出来事が一連のプロセスを進むわけではあるまい．生きられた時間の一部が出来事として想起され，その一部が「内なる語り」として言語化され，その一部が「外なる語り」として他者に向けて表出される．アイデンティティを支えるライフヒストリーともなれば，自分が何者であるかといった自己の定義に深く関与する出来事が選別されているはずである．ただし，ここでは想起から表出までのプロセスを，段階的に模式化したが，実際のプロセスでは，それぞれの段階は明別されてはおらず，表出しながら想起するように，重なりながら進行することもあるだろう．

5. ライフヒストリーの変容

　生きられた時間から語られる時間へ，ライフヒストリーが生成されるまでの微細なプロセスは，直線的に進むばかりではない．仮に生きられた時間そのものは，客観的な事実として揺るぎないものだとしても，ライフヒストリーのように語られる出来事は，想起，言語化，表出というそれぞれの段階で，変容される可能性を持つ．つまり，出来事は，それぞれの段階を経ることで，あるいは経るたびに，多少なりとも変わってくる．たとえば，辛い出来事の想起に繰り返し苛まれながらも，徐々にその辛さが変わってくるようなことがあるだろう．また，出来事を人に話しているうちに，芋づる式に細部が思い出されてくることもあるだろう．

　ライフヒストリーを想起し，他者に向けて語ることが，当初のライフヒストリーにもたらす影響は，ライフヒストリー・インタビュー後の高齢者の記憶想起から，うかがい知ることができる．筆者は，中高年期から高齢期にある人を対象に，生活史を聴き取るライフヒストリー・インタビューを実施した後に，思い出そうとする意図なく自然に思い出され，意識化される個人的経験に関する記憶，すなわち不随意的記憶想起を，日常生活中に日誌記録してもらった（野村，2014）．ある女性高齢者は，ライフヒストリー・インタビューで，幼少期に転勤族だった父親に連れられて各地を転々とするなかで，子育ては母親が一手に引き受ける一方，父親からは何一つしてもらった覚えがないと語る．し

Ⅱ　自己・アイデンティティを生きる

かし，このインタビュー終了後に記した日誌には，他界しているその父親像とは相容れにくいエピソードが記されていた。彼女がいつも通る道沿いにある幼稚園から，園児の元気な声が聞こえてきたときに，そのエピソードを想起したという。それは，自身が幼稚園に通っていた頃，父親が彼女の手を引いて園へ送ってくれたことだった。このエピソードを思い出して，彼女は驚き，当惑したらしい。「忙しかった父は，（私を）幼稚園に連れて行って，会社へそれからどうやって行ったのか……」。しばらくすると，父親に対する申し訳ない気持ちが湧き起こる。はじめにライフヒストリー・インタビューで聴き取った，子育ての場での希薄な父親像とは異なる父親像が，日常生活の不随意的想起のなかに現れている。なぜこうしたことを思い出したのか，本人に思い当たる理由はない。さまざまな解釈があり得るだろうが，インタビューの際，彼女は，ふだん過去を振り返ることはあまりなく，ましてや自分の過去を人に話すことはまったくないと筆者に語っていた。そうした日頃の低い開示傾向や，インタビューで語るという体験の特異性を考え合わせると，過去を想起し，他者にそれをライフヒストリーとして語ることは，知らずのうちに自身の過去へ敏感にさせ，意図せざるライフヒストリーの揺らぎと組み換えを引き起こした可能性がある。

　むろん，一般化可能性という点では，こうした事例は，調査対象者の多くを占めているわけではない。その多くは，むしろインタビューで語ったことと同様のエピソードを，続く日常生活でも想起している。ただし，語ったエピソードと同様のエピソードを想起したとしても，そこでの出来事の意味づけや付随する感情は，インタビュー時の語りと後続する想起とでは，異なったものであることが珍しくはない。上記で例示したライフヒストリーを揺るがす新たな想起までには至らずとも，ライフヒストリーに込められた意味や感情は，それを想起し，語るなかで変容するのかもしれない。

　このような調査では，調査対象者の日常生活には関与していない研究者が聴き手になっている。もしも，調査対象者の日常生活に関与し，さまざまな経験を共有する人物，具体的には家族や知人が聴き手になっていたら，どうであろうか。経験の概要は両者の間で一致をしていたとしても，その経験のどの部分を記憶に留めているか，記憶の細部は，往々にして人によって異なって保持さ

れる。だから，共に時間を過ごした人から，自分が既に忘れ去った経験に言及され，驚いたり自分の記憶を訝ったりすることも珍しくはない。また，共有された経験とはいえ，その経験の意味やそこに伴われた感情まで同じとは限らない。経験を共有していたはずの人と話すうちに，経験の意味や感情がその人と共有できていなかったことに気づかされることもあるだろう。こうした協同想起場面では，過去の経験の内容や，その経験の意味，そこに伴う感情などについて，他者との間で相互交渉が生じる。交渉の過程は，自身のライフヒストリーを揺さぶり，その結果，変容が生じ得る。上記の調査場面とは異なって，協同想起場面には，経験の当事者同士だからこそ生じる，ライフヒストリーの変容可能性があるだろう。

6．高齢期のライフヒストリーと臨床

　ライフヒストリーという過去についての語りを通じて，現在や未来のその人に，何らかの肯定的変化を企図する働きかけに，さまざまな臨床実践がある。当然のことながら，高齢期は，過去を振り返るばかりではなく，今を生き，将来に思いを馳せる。その過程で，臨床的援助が要請されることがある。高齢期には，馴染みある家族や知人との離別や死別，馴染んだ仕事からの撤退，馴染みの場からの転居など，馴染みあるものから離れる転機が避け難い。こうした新たな経験に遭遇すると，それまでに築いてきたアイデンティティの立て直しに迫られることがある。ホームズ（Holmes, 1999）によれば，ライフヒストリーのような自己にまつわる物語の生成（story-making）と物語の解体（story-breaking）との弁証法が，心理的健康を担っている。すなわち，高齢期に上述のような転機に遭遇した際，それまでに保っていたライフヒストリーという物語をいったん解体し，過去と現在を整合的に説明可能な物語を生成することが，心理的健康の要因であると考えられている。

　高齢期のアイデンティティへの働きかけを企図する援助法の一つに，回想法，ライフレビューがある。また，より生涯教育的な狙いを持つ実践としては，自伝の執筆に取り組むグループワークもある。こうした実践は，いずれも高齢者に記憶想起を促す。なかでも高齢者施設等でグループによって行われることの多い回想法は，高齢者同士で自身の記憶を開示し合うため，ライフヒストリー

が他者との間の相互作用にさらされる。回想法は，主唱者の精神科医バトラー（Butler, 1963）によれば，エリクソンのいうところの「自我の統合」を目指している。ただし，現代では，高齢者の情動や，高齢者相互のコミュニケーションの活性化など，種々の効果が期待され，それらの効果の一端は検証されてきている。

　上述の通り，健康寿命の伸長を上回る速さで平均寿命が伸長しており，自立した生活が困難となった時期の介護が必要になっている。一方，高齢期を単身で過ごすものも少なくない。こうした現代の日本の社会情勢に鑑みると，高齢者が自身の記憶を語ろうにも，その聴き手を得られない事態は，想像に難くない。むろん，高齢者が，とりわけまとまったライフヒストリーを語ろうと望むとは限らないだろう。ただし，ライフヒストリーを構成する断片的な出来事の記憶であったとしても，その出来事を共有した誰かとのささやかな思い出話は，その誰かを失って初めて，語る場の必要性が認識されるだろう。また，出来事を共有してはいないながらも，誰かに自身の生きてきた歴史を伝えたい，もしくは次世代に遺したいと思っても，その相手に出会いにくいこともあるだろう。回想法のような手段は，こうした聴き手の不在を補償しているともいえよう。

　なお，アイデンティティを語りの観点から考えようとすると，言葉巧みで，内省的な人物像に目が向きやすくなることには，留意しておきたい。たしかに調査研究の場には，対象者に内省を求め，過去の経験の意味について言葉で回答してもらう局面がある。しかし，臨床の場では，臨床の目的に応じてそうした局面が求められることはあるものの，内省と意味づけを他者から促されることは，無条件に善しとされるわけではなかろう。日本における回想法の普及を担ってきた黒川（2005）は，「『高齢者は人生の意味を模索すべき，人生の統合こそ到達すべき最終目標だ』という見方」が，若年者の過剰な思い込みである危険を指摘する。高齢者本人にとって，人生の意味を見出すことが必要とされるならば，臨床に携わる者はそれに付き随う一方，意味の追求から解放されることが必要とされるならば，意味の追求を無理強いしない，当事者のニーズと働きかけのタイミングをわきまえた対応が求められよう。

7. 現代社会における高齢者のアイデンティティ

　現代社会は変化が激しいといわれる。乳幼児期から高齢期まで，どの発達期もその影響から無縁ではいられない。高齢者は，変化の激しい現在を生きながら，将来を見通し，その一方で過去を受け容れるという時間軸上の課題に向き合わされる。では，とりわけ高齢期のアイデンティティに現代社会の特質はどのような影響を与えているだろうか。ここまで論じてきたことに基づき，高齢期の多様性を切り口に，考えてみたい。

　一口に高齢期といっても，60歳代と80歳代とでは，親子ほどの年の開きがある。そして，高度経済成長期を生きた団塊の世代にあたる前者と，戦後復興期を生きた後者とでは，それぞれのコホートが経験してきた社会情勢や，それに応じて身につけてきたライフスタイルも，異なるだろう。したがって，高齢期のアイデンティティを論じるに際しては，実年齢のみならず，コホートを考え合わせる必要がある。それでもなお，「老老介護」といわれるように，老親の介護に追われる高齢者がいる一方で，レクリエーションやボランティア活動に傾倒できる高齢者，あるいはまた，生計の維持のために就労を余儀なくされる高齢者もいる。個人的要因と社会的要因の相互作用をはらむアイデンティティ発達には，高齢期におけるこれらの多様性への目配りが欠かせない。

　上述の通り，2010年代の青年期世代が高齢期を迎える2060年には，日本で高齢者が人口に占める割合は，約4割に達すると予測されている。未曾有の高齢社会で多様なライフコースを歩む高齢者にとって，前を歩む高齢者が，必ずしも範たり得ない。社会における標準的な高齢者像が，単一の像を結びにくいのではないか。老いの道筋のこうした多様化は，好むと好まざるとにかかわらず，アイデンティティを支えるライフヒストリーを高齢者一人一人が紡ぐことを求める。

　だが，筆者が高齢者のライフヒストリーを聴くなかで，社会的変化に耐えて残るであろうものの存在も感じる。たとえば，ライフヒストリーの生成に際して，高齢者が言及する神仏や輪廻転生といった自己を超越した考え方などは，自らを語る筋立てとして，根強い。また，地域コミュニティのようなつながりが希薄化するなかで，レクリエーションやボランティア活動などに，新たなつ

ながりを求める動きも認められる。一人暮らしの高齢者が増えているのは事実だが，つながりを求める意識もやはり根強い。今後，高齢者のアイデンティティのありようを探るには，社会や時代によって変わるものと，それらによって変わりにくいものの両者を見極めなければならない。

文献

Bruner, J. S. 1990 *Acts of meaning*. London Cambridge: Harvard University Press. ［岡本夏木・仲渡一美・吉村啓子訳　1999　意味の復権　ミネルヴァ書房］

Butler, R. N. 1963 The life review: An interpretation of reminiscence in the aged. *Psychiatry*, 26, 65-75.

Erikson, E. H., Erikson, J. M., & Kivnick, H. Q. 1986 *Vital involvement in old age*. New York : Norton & Company. ［朝長正徳・朝長梨枝子訳　1990　老年期　生き生きとしたかかわりあい　みすず書房］

Fivush, R. 1991 The social construction of personal narratives. *Merrill-Palmer Quarterly*, 37, 59-81.

Habermas, T., & Bluck, S. 2000 Getting a life : The emergence of the life story in adolescence. *Psychological Bulletin*, 126（5）, 748-769.

Holmes, J. 1999 Defensive and creative uses of narrative in psychotherapy: An attachment perspective. In G. Roberts & J. Holmes（Eds.）, *Healing stories: Narrative psychiatry and psyotherapy*. New York: Oxford University Press. pp. 49-66.

Kenyon, G. M. 1996 The meaning／value of personal storytelling. In J. E. Birren, G. M. Kenyon, J. E. Ruth, J. J. F. Schroots, & T. Svensson（Eds.）, *Aging and biography: Explorations in adult development*. New York : Springer Publishing Co. pp. 21-38.

厚生労働省　2015　平成 26 年簡易生命表

黒川由紀子　2005　高齢者の心理療法　黒川由紀子・斎藤正彦・松田修（編著）　老年臨床心理学：老いの心に寄りそう技術　有斐閣　pp. 99-144.

Marcoen, A. 1994 Sprituality and personal well-being in old-age. *Ageing and Society*, 14, 521-536.

McAdams, D. P. 1985 *Power, intimacy, and the life story: Personological inquiries into identity*. New York : The Guilford Press.

内閣府　2013　平成 25 年版高齢社会白書

内閣府　2015　平成 27 年版高齢社会白書

西平直　1993　エリクソンの人間学　東京大学出版会

野村晴夫　2002　高齢者の自己語りと自我同一性との関連：語りの構造的整合・一貫性に着

目して　教育心理学研究, 50 (3), 355-366.

野村晴夫　2005　構造的一貫性に着目したナラティヴ分析：高齢者の人生転機の語りに基づく方法論的検討　発達心理学研究, 16, 109-121.

野村晴夫　2006　クライエントの語りの構造：臨床事例に基づくナラティヴ・プロセスの検討　心理臨床学研究, 24, 347-357.

野村晴夫　2014　生活史面接後の「内なる語り」：中高年の不随意的想起に着目した調査　心理臨床学研究, 32 (3), 336-346.

Polkinghorne, D. E.　1988　*Narrative knowing and the human sciences*. Albany: State University of New York Press.

Ricoeur, P.　1985　*Temps et recit*. Paris : Edition du Seuil.［久米博訳　1990　時間と物語Ⅲ　新曜社］

Wong, P. T. P.　1998　Sprituality, meaning, and successful aging. In P. T. P. Wong & P. S. Fry（Eds.),　*The human quest for meaning: A handbook of psychological research and clinical applications*. N.J. : Lawrence Erlbaum. pp. 359-393.

やまだようこ　2000　人生を物語ることの意味　やまだようこ（編）　人生を物語る　ミネルヴァ書房　pp.1-38.

6章 流動的社会の中のアイデンティティ

浅野智彦

1. 社会学的自己論とアイデンティティ

　流動化する現代社会においてアイデンティティはどのように変化していくのか，それが本章の問いである。

　まずはアイデンティティあるいはその前提になる自己（self）の成り立ちについて，社会学の見方の骨格部分を説明しておく。この骨格部分を論理的に延長することで，アイデンティティが被る変容について一定の見通しを得ることができるだろう。

　社会学的な自己論の原型ともいうべきジョージ・ハーバート・ミード（Mead, G. H.）の議論によれば，自己とは二つの関係から成り立つものだという。第一に，自己とは他人との関係（対他関係）である。第二に，自己とは自分自身との関係（対自関係）でもある。それぞれについて説明した上で，その議論とアイデンティティという概念の関係について見ていこう。

（1）対他関係としての自己

　自己とは他人との関係である，とミードはいう。これは，どのような人も，無数の他人との関係の中に産み落とされ，その関係に巻き込まれながら「自己」になっていくことを考えればある意味で自明のことではある。ミードは，これを次のように表現している。

　「自己（self）とは，まず存在していて，そのつぎに他者と関係をむすんでいくようなものではなく，それは社会的潮流のなかの，いわば小さな渦で，したがって社会的潮流の一部でもある。」(Mead, 1934/1973, p. 95)

人間関係の渦（社会的潮流）の中に生まれ落ち，他人たちからの働きかけを受け，それに対して自分が返したあれこれの反応に再び他人たちが応答する。そのような過程を経て，私たちにとってなじみ深い行為と経験の基盤，すなわち自己が形成されていく。

　けれども私たちはしばしばこのことを忘れてしまう。自己を「まず存在していて，そのつぎに他者と関係をむすんでいくようなもの」と見なしてしまうのである。これは個々人の認識能力の欠陥とか，偶発的な誤認ではなく，私たちの社会全体がそのような誤認を必然的たらしめるようなやり方で組織されているがゆえである。実際，近代社会の成り立ちを説明する物語（あるいは神話といってもよいかもしれない）として広く知られている社会契約論とはこのような誤認を普遍化し，正統化するものである。諸個人がまず存在し，それが集まって契約を結ぶことで社会が構成される，というのであるから。しかしミードの観点からするなら，社会が構成されていなければそのような契約を結びうる「諸個人」など形成されようもない，ということになるだろう。

(2) 対自関係としての自己

　このような他人たちの様々なやりとりを経て生み出される自己は，同時に自分自身を再帰的にとらえ，それに働きかけるような自己でもある。私たちは毎日鏡を見て身づくろいをする。これが自己というあり方に最も固有の特徴であるとミードはいう。

> 「わたしが明白にしたいのは，それ自身にとって対象だという自己の特徴である。この特徴は，『自己』[self] という言葉のなかにあらわれている。自己は再帰代名詞で，主語 [subject] にも目的語 [object] にもなれることをしめしている。この種の対象は，他の対象と本質的にちがう。」(Mead, 1934/1973, p. 147)

　私は鏡を用いて私自身を見，私自身に働きかける（化粧をする，ネクタイを直す，髪を整える等々）。自己がそれ自身にとって対象だというのはそのようなことだ。これらの営みにおいて自分自身が対象になっているという点，すなわち主語と目的語とが一致するという点に特に注目すれば，それは再帰的な対

象であるということもできよう。

人は様々な対象に囲まれて生きている。机に向かい，椅子に座り，コンピュータのディスプレイを見つめながらキーボードを叩く。だが様々な対象の中で「自己」だけが自らを再帰的対象とすることができる。それは「他の対象と本質的にちがう」。机も椅子も自分自身を眺めたり，自分自身について考えたり，自分自身に働きかけたりすることはできない。そういったことができるのは「自己」という特異な対象だけなのだ，とミードはいう。

(3) 自己の中の他者

自己とはまず他人たちの関係である。そして自己とは自分自身との関係である。ミードの議論においてこの二つの命題をつなぐのが，役割取得という概念だ。

役割取得とは，自分自身の役割を取得することではないという点にまず注意してほしい。そこで取得される役割は，他人の役割だ。例えば，野球に参加するプレーヤーたちは，自分の役割をうまく遂行するために，他のプレーヤーの役割を自分の中で取ってみることができなければならない。同じ事情がコミュニケーション一般についてもあてはまる。ミードはこういう。

> 「他者の役割の取得を通してこそ，人は自らに立ち戻り自分自身のコミュニケーション過程を制御することができる。……このような役割取得の直接的な効果は，個人が自らの応答に対してふるうことのできる制御にこそあるのだ。」(Mead, 1934/1973, p. 254)

他人の役割とは他人がどのように自己に関係づけられているのか，つまり対他関係を意味している。そして「自らの応答に対してふるうことのできる制御」とは自分自身に対する関係（対自関係）にほかならない。したがって，役割取得の順調な進捗は，対他関係を対自関係へと接続することになるのである。このとき他人とは，自分の外側にありそれに対して関係を持つものであると同時に，自分の内側にあるものでもある。

ミードはこのような他人について，二つの種類を区別している。一つが，あれこれの具体的な他人のうち，自己が生きていく上でおおいに依存するような

存在であり，彼はこれを「重要な他者 significant others」と呼ぶ。もう一つが，自己の属する集団や共同体を代表するような抽象的な存在であり，彼はこれを「一般化された他者 generalized others」と呼ぶ。

(4) アイデンティティ

以上のような見方をふまえるなら，アイデンティティというのは社会学的には自己がとり得る形の一つと理解することができる。自己の形は，他人との関係がどのように構造化されているのか，それがどのように自分自身への関係へと媒介されるのか，といった点に相関して決まってくるものだ。アイデンティティという形は，特定の対他関係の構造，特定の対自関係の様式に対応して現れる自己の形（の一つ）であると社会学的には考えるのである。

アイデンティティという言葉を広く知らしめたエリック・エリクソン（Erikson, E. H.）は精神分析を土台とした発達論の枠組の中でこの概念を提起した。一方において，精神分析は人間の精神の普遍的な構造を探究する学問である。他方において，発達論もまたあらゆる人間にとって共通の発達の段階を探究する学問である。それゆえ，エリクソンは人間にとって普遍的な自己のあり方としてアイデンティティという用語を用いることになる[注1]。この点で，社会学の見方とは大きく異なることに注意する必要がある。

その違いをふまえた上で，エリクソンのアイデンティティ概念について要約的に説明するなら次のようになる。まずアイデンティティとは，青年期に課せられた発達上の課題である。青年期にいたるまで，人は様々な自己イメージを自分の内側に蓄積していく。青年期において，それらの自己イメージは，選択的に構造化される。すなわち，一方で無数の自己イメージのうちあるものは捨てられ，あるものは残される。他方で，残された自己イメージの間には緊密な関係づけがなされ，それは一定の構造をなすようになる。

このような選択と構造化の働きの中心におかれるのが「自我」である。ここでいう「自我 ego」とは，精神分析において「自己」とは異なった意味合いで用いられる用語である。社会学では，「自己」の様々なあり方を調査分析の対象にするが，エリクソンのアイデンティティ概念において重要なのはそれが「自我」の働きにおいて達成されるという点である。それゆえそれは正確には

自我アイデンティティと呼ばれるのである。

　このような課題の達成はそれなりの困難を伴うので，青年たちには試行錯誤の時間が必要である。彼らは様々なアイデンティティの可能性を試す期間を与えられる。これがモラトリアムと呼ばれるものだ。そして最終的に自我アイデンティティの統合は，職業や親密な相手，特定の世界観へのコミットメントに結びつけられる形で達成される，とエリクソンは考えた。

　他方，社会学の観点からは，このようなアイデンティティのあり方は，特定の社会的・歴史的諸条件の下でのみ標準化するものだと考える。具体的にいえば，近代化し，成熟しつつあったアメリカのような社会においてはじめて一定の広がりを得るような（そして後で見るように危機を迎えるような）自己の形だと考えるわけだ。

　実際，エリクソンの著作がベストセラーになったのと同じ時期に，自己の異なった形について論じた著作が，同じようにベストセラーになっていた。デヴィド・リースマン（Riesman, D.）の『孤独な群衆』（Riesman, 1961）である。リースマンが描き出した現代的な自己の形は，エリクソンのそれとはほぼ逆の方向を向いていた。リースマンいわく，資本主義の初期段階においては自分自身の内側に確固たる世界観や従うべき指針をセットされたジャイロスコープ型の性格（「内部指向」）が主流であったが，資本主義の高度化に伴い社会の消費化が進むと別の性格が主流化する。その別の性格とは，様々な他者の視点を参照しながら，その都度自分の位置を定めていくようなレーダータイプのそれ（「外部指向」あるいは「他者指向」）である。このような性格を持つものは一貫したアイデンティティに基づいて行動するというよりは，関係する様々な他者，様々な場面に応じて異なった自己を提示するような，そういう自己の形を持つ。

2．社会の流動化と自己の変容

　社会学者ジグムント・バウマン（Bauman, Z.）は，2000年に『リキッド・モダニティ』という著作を発表して以来，次々と「リキッド」を冠した作品を出版している。リキッドとは，液状，流体，あるいは流動性を表す言葉であり，バウマンがその言葉を用いて描き出した現象は，「愛」（Liquid Love, 2003年），

「人生・生活」(Liquid Life, 2005年),「恐れ」(Liquid Fear, 2006年),「時間」(Liquid Times, 2006年) など多岐にわたる。執拗ともいえるこの反復は,先進諸社会が全体的に「流動化」しているという彼の認識を反映している。

このような認識は,実はバウマンに限らず,現代の代表的な社会学者において共有されているものでもある。例えば,ウルリヒ・ベック(Beck, U.)は,これまで人々を包摂してきた様々な中間集団の機能が弱まり,誰もが一人の個人として生きていかなければならなくなったと論じた(「個人化」)。大きな塊(中間集団)が崩れ,粒子(個人)が「自由」に動ける社会になったという意味でこれも流動化を指すものだろう。

あるいはアンソニー・ギデンズ(Giddens, A.)は,近代を再帰性の増進運動として理解しているのだが,この近代の運動がある臨界点を越えたのが今日の社会であるととらえている(「再帰的近代」)(Giddens, 1991)。再帰性とは,対象から距離をとって眺め,別のよりよい可能性がないかどうか検討するような振る舞い方を指す。近代は,そのような振る舞い方を制度の前提に組み込み,近代以前の様々な慣習や伝統を変化させてきた。この過程は,ある点にまで達すると「近代」(初期近代における諸制度,諸観念)をいわば掘り崩すようになる。なぜか。

そもそも距離をとるためには足場が必要となる。例えば,科学に足場をおいて宗教を再検討する,というように。この足場としていわば定数化されてきた近代の様々な仕組みが,それ自体,再帰性の対象となり,変数化されていくとギデンズは論じる。近代社会の歴史の中でごく自然なものとされてきた仕組みが,それ自体,不安定化していく。その意味で,これもまた流動化のある側面に着目する議論だといってよいだろう。

では,今日の日本社会において流動化はどのように進行しているのだろうか。以下,いくつかの側面に着目してこれを見ていきたい。

(1) 働き方の流動化

まず働き方の変化に注目する。

1990年代の初頭,いわゆるバブル景気の破綻という短期的な変動と,グローバリゼーションの一段の進展という長期的な変動という二重の衝撃を受けた

Ⅱ　自己・アイデンティティを生きる

　日本経済は，その後長い低迷を余儀なくされた。その間，日本人の働き方は高度成長期に普及したモデルから大きく転換していった。

　日本型経営とも呼ばれる従来型のモデルは，しばしば終身雇用・年功賃金・企業別組合によって特徴づけられてきた。このモデルの下で，労働者・雇用者の双方が比較的よく協調し，経済環境への適応もうまくいき，日本は他に例を見ない豊かさを達成した。

　しかし社会学的に見れば，他国と比較したときの日本型経営の特徴はもう少し別のところにある（本田，2015）。第一にそれは，ブルーカラーとホワイトカラーとの待遇格差が著しく小さい。そのかぎりでは平等を志向するものであった。第二に，しかし，それは男女間の待遇において格差の大きい仕組みでもあった。また第三に，それは，「正社員」とそれ以外の社員との間の待遇格差の大きい仕組みであった。そのかぎりにおいて，それはきわめて不平等な仕組みであったともいえる。

　そして待遇上の差別の対象である女性は，結婚や出産に際して「正社員」の地位を返上し，結婚・出産後はパートなどの形態で働くことを期待されていたため，第二，第三の待遇格差は実質的に重なり合っていた。この格差は，専業主婦に対する税制上・社会保険上の優遇措置によって緩和され，見えにくくされていたため，1990年代まではあまり問題にされなかった。1990年代以降に生じたのは，第二の格差が第三の格差と切り離され，結果として少なからぬ男性が，正社員になれず，したがって正社員という「身分」と結びついていた様々な保護や利益から排除されるという事態であった。

　このような変化は，短期的には景気の急激な後退への対応という側面もあったが，より長期的には経済活動のグローバリゼーションに対応する長期的な戦略の再編という面もあった。後者の象徴としてしばしば参照されるのが，1995年に日本経営者団体連盟（経団連）が発表した『新時代の「日本的経営」』という報告書である。この報告書は，日本企業の今後の雇用形態のモデルとして，従業員を三層に分けることを提唱していた。第一が，従来と同様の安定的に雇用される基幹社員，第二が，流動的に雇用される専門職社員，第三が専門性を要せず，必要に応じて増減を制御できる流動的な社員である。その上で同報告書は，第一のグループをこれまでよりも大幅に絞り込み，第三のグループ

の活用を拡大していくことを提唱した。その後の雇用形態の変化から振り返ってみれば，雇用されるものは少数の第一グループと多数の第三グループへと二極化していったといってよい。1990年代初頭には20%程度だった「非正社員」が2015年には約40%にまで増大している。雇用労働者の4割が「正社員」という「身分」的な保護を失った状態におかれているのである（ただしその中には正社員としてのキャリアを終えた後に非正規労働者となった高齢者も含まれる）。

アメリカの人類学者，メアリ・ブリントン（Brinton, M.）によれば，このような排除はまずは高卒で労働市場に入っていく若者を直撃した（Brinton, 2008/2008）。高校の新規卒業者に供給される安定した職業は，1990年代以降，急激に縮小した。高度成長期以来整備されてきた高校から企業への安定した移行過程の仕組みはみるみるうちに機能失調に陥り，就職先の決まらないまま多くの若者が高校を卒業することになった。その多くはフリーターになり，一部は大学や専門学校に進んでいった。

労働法学者の濱口桂一郎が繰り返し指摘してきたように，上に見てきたような雇用の仕組みはメンバーシップ型と呼ばれるものである（濱口，2009）。仕事の中身に応じてそれができる人を採用する仕組みがジョブ型と呼ばれるのに対して，メンバーシップ型というのは，まずは組織のメンバーシップを与えた上で，そのあとで様々な仕事を割り当てる仕組みだ。後者においては，仕事の具体的な内容が雇用の前提にならないので，対応する仕事がなくなったからという理由で解雇されることはないが，人格の深部にまで及ぶ無限定な要求に応えることを求められる。

メンバーシップ型の雇用制度の中で「正社員」という地位を持てないということは，何かのメンバーであるという形でアイデンティティを確保することができなくなるということだ。市場の需給関係に応じて様々な仕事を転々とすることを余儀なくされる。そういう若者が増えてきたのがこの20余年であった。

(2) 親密性の流動化

バウマンは，親密な関係性，特に恋愛関係や結婚関係が流動的ではかないものになったと論じている（Bauman, 2000/2001）。ある新聞のコラムを引用し

ながら、バウマンは、現代において「永遠の愛を誓う」というのは、紙の船で海に漕ぎ出すようなものだ、と指摘する。ベックも、恋愛・結婚に関わる選択が個人化したために伝統的な枠組に拘束されなくなり、安定性を失いつつあると指摘している（Beck & Beck-Gernsheim, 2002）。ライフコースが自己選択に依存し、多様になるにつれて、お互いの人生設計を調整することはますます難しくなっていく。またギデンズは、親密な関係性がより再帰的になり、またその関係の中から得られる喜びだけを理由としてその関係を維持するようになったと論じる（「純粋な関係性」）（Giddens, 1991）。親密なパートナーたちは、つねに「自分は本当にこの相手を愛しているか、この相手との関係に喜びを見出しているか」と自問するようになり、結果としてその関係はきわめて不安定で壊れやすいものとなる。要するに、彼らが一様に指摘するのは、近代社会の成熟に伴って恋愛や結婚といった親密な関係性が不安定で、はかなく、壊れやすいものになるということだ。

　日本においても離婚率（ある期間内に結婚したカップルに対する離婚したカップルの比率）が緩やかに上昇しており、結婚の不安定さが増していることがうかがわれる（ただし結婚する年齢層と離婚する年齢層の人口ボリュームの違いには注意が必要）。それに加えて日本で顕著なのは、そもそも結婚しない、カップルにならないという傾向の高まりである。日本性教育協会の調査によれば、性愛に関わる行為は、いずれも近年若者の間で経験率が下がっている（日本性教育協会, 2013）。また、結婚にいたるカップルが減っており、このことが少子化の遠因であることは繰り返し指摘されつづけてきた。結婚したい（あるいは子供を持ちたい）という希望に関しては、大きな変化が見られないのだが、実際に結婚をし、子供を持つカップルは減少しつづけている。このような傾向の結果として、結婚非経験の単身者が今後急速に増えていくという。

　恋愛や結婚に消極的になるのは、一つには、社会経済的な状況の変化と社会的に期待される家族像が大きくずれてしまっていることによる。一方において、男性の雇用は不安定化し、賃金の伸びもあまり期待できなくなっている。だが、他方において、男性が稼ぎ、女性が家事育児をするといういわゆる近代的な家族像はいまだに多くの人々の間で標準的で、望ましく、そうすべき規範的なあり方として意識されている。後者を前提にすると、結婚にふさわしい男性はま

すます少なくなっていくため，結婚に踏み切る人々は減少していくことになる。日本では結婚することを「身を固める」などと表現することがある。家族を形成することは，職業生活と同様に（あるいはときにそれ以上に）人の人生を一定の「場所」に係留し，安定させるものであると感じられている。だが，現在起こりつつある変化は，そのような意味で「身を固め」られない人々が徐々に増えていくというものである。そして，そこで「固める（固まる）」ものがある種のアイデンティティだとすれば，親密性の領域においてもそれを得られない若者が増えてきたのがこの20年であった。

(3) エリクソンモデルの困難

エリクソンが想定していたアイデンティティの統合が，職業と家族形成とに結びついていたことを想起しておこう。青年期にいたるまで蓄積されてきた様々な自己イメージを取捨選択し，相互に結びつけ，構造化していく際の準拠点は，その二つのライフイベントによって与えられるとエリクソンは考えた。その二つは個人の心理的な構造と社会構造の間におかれたアイデンティティの係留点のようなものだ。そして前節までで確認してきたのは，職業と親密性という二つの領域での流動性がそこで提供されてきた係留点を溶解してしまうということだ。

社会学者のリチャード・セネット（Sennett, R.）は社会の流動性の高まりに対応しようとして，人格の一貫性を失ってしまったホワイトカラーの人生について著作の中で語っている（Sennett, 1998/1999）。彼は，貧しい家庭の出身でありながら，努力を重ねて中産階級にまで上昇した。しかし，その過程で引き起こされた頻繁な社会的・地理的移動やそれに伴う社会関係の再編，また新しい環境ごとに形成されるその都度の自己，そういったものが彼の人格の一貫性を損なってしまった，とセネットはいう。彼は，例えば，自分の子供に対して「一つのことに辛抱強く取り組む」といった類の教えをたれることができない。それこそが彼の人生から最も遠いものであったのだから。このエピソードが登場する著作が *The Corrosion of Character*（人格の腐食）" と題されていることからも想像されるように，セネットはそこで資本主義の新しい段階が，道徳の核となるべき同一性や統合性を破壊しつつあると批判しているのである。

Ⅱ　自己・アイデンティティを生きる

　日本の場合，アメリカとはやや状況が異なるが，それでもエリクソンの考えていたアイデンティティが成り立ちにくい状況になっているのはたしかだ。そもそも日本においてエリクソンが想定するようなアイデンティティが標準的な自己のモデルになったことはなかったというべきかもしれない。エリクソンモデルにおいて，アイデンティティの統合は主体としての自己を起点におき，そこから外部環境に対応していくという構図をとる。だからこそ，ジェイムズ・コテ（Côté, J.）のように，そこに自分の人生を効果的に組織化していくための能力（これを「アイデンティティ資本」とコテは呼ぶのであるが）を見出すことができる（Côté & Levine, 2002；Côté, 2005）。しかし日本の場合，まずは環境要因があり，それに合わせて自分自身を作り替えていくという順序を想定することが多かったように思われる注2。

　他方で，日本においてアイデンティティが統合されたように見えていたのは，むしろ様々な中間集団によく統合された状況においてであったと考えられる。つまり，所属集団の様々な要求を受け入れ，それに合わせて自分自身を作り替えていくことで「一人前」の「大人」と見なされるようになっていく。エリクソンがアメリカの文化を前提に構想したアイデンティティ統合概念に対して，そのような中間集団統合型個人がその日本的な等価物であったということができる。

　先に，日本の雇用のあり方がジョブ型ではなくメンバーシップ型である，という濱口の議論を紹介した。特定の業務に関わる能力においてではなく，その人格の全体性において勤務先に統合される，というメンバーシップ型のあり方は，中間集団への統合を核とする日本的なアイデンティティ統合のあり方にきわめて適合的である。結果としての帰属先としての職場は「正社員」として働いている人々にとって最も深い意味でのアイデンティティの拠り所となる注3。

　もしそうだとすれば，日本において流動化はアメリカの場合よりさらに一層深刻な打撃をアイデンティティにもたらすことになるだろう。というのも，アメリカの場合，自我の統合は何よりもまず内的な過程に力点をおくものであり，仕事や家族はその係留点という位置づけであるが，日本の場合，その仕事や家族の方にこそ力点があるからだ。

　振り返ってみれば，エリクソンモデルは，日本においては「モラトリアム文

化」モデルへと読み替えた上で受容されていた。例えば，小此木啓吾は『モラトリアム人間の時代』において，当時の若者がモラトリアムをいつかは終わりの来る猶予期間というよりは若者ではなくなった後も続くある種のライフスタイルのようなものとして生きていると論じていた（小此木，1978）。また栗原彬は，若者の「やさしさ」を資本主義的な社会が強いてくる管理主義や生産主義に対して同一化していくことをできるだけ延期していこうとする態度，その意味でのモラトリアムの表現形態と考えた（栗原，1981）。そうしてみると，1970年代や80年代においてもエリクソンモデルがそのアメリカ的な意味で日本に定着したことはなかったというべきかもしれない。そしてアメリカ的なモデルと等価なものとして機能していたのが，中間集団への統合とモラトリアム文化の組み合わせであった。1990年代の後半以降，日本社会の流動化が進行することで崩れていくのはこの組み合わせによって支えられてきた日本型アイデンティティ（日本型のエリクソンモデル）である。

3．多元化する自己

1で見てきたように，社会学は自己を関係の所産であると見てきた。自己とは，社会的諸関係の結節点として，対他関係が対自関係へといわば折り返されるようにして成り立つ。そうだとするなら，2で見てきたような社会の流動化は自己のあり方にも変化をもたらさざるを得ない。前節の終わりで見たエリクソンモデルの困難はそのような変化の一つの現れといえるだろう。そこでもう一歩踏み込んで，こう問うてみよう。エリクソンモデルでは記述できない，どのような自己の形，アイデンティティの形が今現れつつあるのか，と。

（1）自己多元化の論理

自己やアイデンティティの新しい形について考える上で，最初のヒントになるのは1の最後に見たリースマンの社会的性格論である。あたかもエリクソン型アイデンティティの失調を予見するかのように，リースマンは消費社会における独特の性格を描き出していた。「外部指向」あるいは「他人指向」と呼ばれるこの新しい性格類型は，様々な他人の視点に敏感に準拠しながら，その都度の方向性を決めていくというものである。したがって，この準拠する他人

の視点が変わるたびに異なった態度を取るという意味で，複数の顔を持つ自己となる。リースマンはこれを次のように表現している。

> 「他人指向型の人間は内部指向的な時代にあった，一貫してひとつの顔をつらぬき通すというやり方をやめて，いろいろな種類の顔を使い分けるようになってきている」（Riesman, 1961/1964, p. 126）

「一貫してひとつの顔をつらぬき通す」というのは，近代初頭に主流であった社会的性格である「内部指向」を指すものであるが，エリクソン型のアイデンティティもそのバリエーションと見ることができる。

1950年代から1960年代にすでに報告されていたこのような変容の兆候は，しかし，流動化の進んだ後期近代においてよりはっきりと顕在化してくると考えられる。というのも，中間集団への統合が衰弱し，その結果として相互につながりの薄い様々な集団への所属や所属の変更が常態化すれば，リースマンが指摘する「いろいろな種類の顔を使い分ける」傾向はますます強まるはずだからだ。

所属する社会的集団あるいは社会的文脈ごとに自らの異なった自己を呈示するというのが他人指向の自己だとすると，流動化した社会における自己は複数の顔を持ついわば多元的なものとならざるを得ない。前節の最後に見たエリクソン型アイデンティティの困難とは，この観点からいえば，統合を軸とするアイデンティティの困難であり，自己の多元性をそれとして緩やかに抱え込んだ形で成り立つような脱統合型のアイデンティティへの変容であるということができるかもしれない。

(2) 自己多元化の実態

先に見てきたように論理的には，自己が多元化していく条件が流動化によって与えられる。だが，それはあくまでも論理的あるいは理論的な予測であり，現実がどうであるのかは実際にそれを観察してみなければわからない。そこでここではいくつかの調査結果を紹介してみよう。表6-1にここで参照する調査の概要をまとめておく。

6章　流動的社会の中のアイデンティティ

表6-1　使用するデータ

名称	調査主体	実施年	調査対象	抽出方法	調査方法	回答者数	回収率(%)
青少年研究会調査	青少年研究会	1992年、2002年、2012年	東京都杉並区・神戸市灘区・東灘区在住の16歳から29歳の男女	層化2段抽出	訪問留置(1992年のみ郵送)	1000前後	40％程度
大学生調査	青少年研究会	2010年	全国26の大学の文系学生		集合調査	2831	
モバ研調査	モバイルコミュニケーション研究会	2011年	全国の12歳から69歳の男女	層化2段抽出	訪問留置	1452	58.1

　青少年研究会が1992年以来10年ごとに東京都杉並区および神戸市灘区・東灘区において行なってきた調査によると，以下の項目に対する肯定的な回答が増大している（図6-1, 図6-2）。
・場面によって出てくる自分というものは違う
・意識して自分を使い分けている

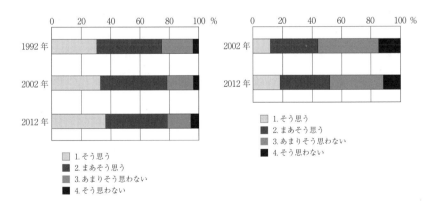

図6-1　場面によって出てくる自分というものは違う（青少年研究会調査より筆者作成）

図6-2　意識して自分を使い分けている（青少年研究会調査より筆者作成）

II 自己・アイデンティティを生きる

逆に，以下の項目への肯定的な回答は減少している（図6-3）。
・どんな場面でも自分らしさを貫くことが大切

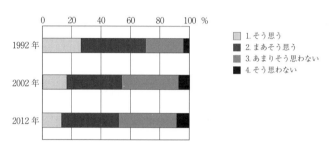

図6-3　どんな場面でも自分らしさを貫くことが大切（青少年研究会調査より筆者作成）

　最初の二つが多元性を，あとの一つが統合性を含意しているとするなら，この推移は統合を軸とした自己から多元性を軸としたそれへと自己のあり方が変容していることを示唆している。

　モバイルコミュニケーション研究会が行なった全国調査のデータでもう少し網羅的に見てみよう（この調査の全体像については，松田・土橋・辻，2014を参照）。この調査では自己意識のあり方に関わる質問をいくつか尋ねているのだが，その結果を因子分析によって整理したのが表6-2である。抽出された三つの因子を，各質問項目との関係性からそれぞれ「多元性因子」「自己確信因子」「視線敏感因子」と名づけておこう[注4]。いうまでもなく，多元性因子がここで論じてきた自己の多元的なあり方を示すものである。

　そこで「多元性因子」に関わる四つの質問項目の得点（肯定的なものから否定的なものに4から1点まで割り当てる）を足し合わせたものを多元性得点とする。この得点の平均値が2001年と2011年とでどのように変化したのかを年齢層別に示す（表6-3）。この表から以下のような点を確認することができる。

　第一に，2001年時の10代と60代をのぞくすべての年齢層で，多元性得点が増大していること。これは全体として見ればおおむね多元性が増大していることを示す。第二に，2011年時の10代，20代をのぞき，2001年時においても2011年時においても年齢層が上がるほど多元性得点は下がっているこ

6章 流動的社会の中のアイデンティティ

表6-2 10代・20代の自己意識項目の因子分析：パターン行列（プロマックス回転後）
（モバイルコミュニケーション研究会調査より）（浅野，2014）

			因子		
			多元性因子	自己確信因子	視線敏感因子
問57	(d)	本当の自分というものは一つとは限らない	.812	.019	-.071
問57	(c)	場面によって出てくる自分というものは違う	.721	-.107	.097
問57	(e)	私には本当の自分と偽の自分とがある	.696	-.045	-.099
問57	(f)	いくつかの自分を意識して使い分けている	.504	.198	.067
問57	(a)	私には自分らしさというものがある	.123	.767	-.049
問57	(h)	自分には他人にはないすぐれたところがあると思う	.129	.652	.048
問58		あなたは，今の自分が好きですか。それとも嫌いですか。	-.156	.539	-.025
問57	(g)	どんな場面でも自分らしさを貫くことが大切だと思う	-.028	.405	.123
問57	(b)	自分がどんな人間かはっきりわからない	.275	-.386	.103
問57	(j)	世間から自分がどう思われているかが気になる	-.058	-.024	.854
問57	(i)	仲間に自分がどう思われているかが気になる	.019	.071	.848

表6-3 年齢層別自己多元性得点の比較（モバイルコミュニケーション研究会調査より）
（浅野，2014）

	2001年		2011年	
	度数	平均値	度数	平均値
10代	208	10.6	168	10.4
20代	283	10.5	163	11.1
30代	347	9.7	224	9.9
40代	359	9.5	274	9.8
50代	355	8.7	267	9.0
60代	285	8.4	329	8.1

と。これは多元性が若い人々においてより明確に観察される傾向であることを示している。第三に，出生コーホート（世代）ごとに見てみると2001年時の10代と30代をのぞき，2001年時のすべての年齢層が2011年時には多元性得

点を減少させていること(例えば2001年時の20代と2011年時の30代との比較)。これは、加齢とともに多元性が下がる傾向が続いていることを意味しており、そのかぎりにおいては(成長と統合とを相関するものと見る)エリクソンモデルの有効性は今もなおあるといえる。他方、2001年に10代だった世代は、2011年に20代になったときに多元性がむしろ上昇している点が注目に値する。これがこの世代に特有の傾向なのか、そして彼らも20代から30代になるにつれて多元性はやはり減少していくのか、さらなる調査検討が必要である。

(3) 自己多元化の倫理

　自己が生きるということは、必ずや何らかの意味で倫理的な次元を生きるということである。どのようなあり方をするにせよ、それぞれのあり方に応じた固有の倫理的問題を自己は負わされている。そこには唯一の正解はない。各人が、自分自身の固有の生を通してそれに取り組んでいくその中で、各人にとって最も真実の倫理的な解がはじめて与えられるのである。

　エリクソンにとっての倫理問題(の一つ)は、統合と多元性との緊張関係として与えられた。彼が取り上げたアメリカ大統領ジェファソンのように、人の多面性や多元性をいかに統合していくか。その統合の困難をある悲劇的な運命として引き受ける点にエリクソンは一つの倫理を見て取っている。単に整合性のない様々な役割を技術的に調整するという以上の倫理がそこにある、とエリクソンは考える。もしその倫理が単なる調整に還元されてしまうのなら、人は人として決定的に重要なことを見失うことになるとして、エリクソンは次のようにいう。

　「役割が、多元的なアイデンティティの名において、あるいはアイデンティティがないことを理由にして、恣意的に演じられてゆく場合には、古い型の良心は決して解放されるわけではなく抑圧されるにすぎないことを示すために、わたしは今日、人間の良心の性質についてお話ししてまいりました。この恣意的な役割交換の結果は、思慮ある寛容さに根ざした自由の拡大ではなく、一つの役割でなくさまざまな役割の調整という倫理以外には、何の倫理も体現できないし他人に伝えることもできない、という状態に陥るにすぎ

ないのです。調整では不十分なのです。なぜなら，自我は自らが環境に適応しているという意味と，人間の必要に応じて環境を適応させているという意味の，二つの意味における適応こそを必要としているからです。」(Erikson, 1974/1979, p. 139)

だが，もし自己の形に応じて倫理的な問題の型もまた変わるとしたら，多元的な自己，多元的なアイデンティティもまたそれに固有の倫理的な問題を持つだろう。例えば，自分の中の声をたった一つの固く統合され，変化のない意志へと還元することへの抵抗というのはそのようなものの一つだ。大野更紗と川口有美子とは，難病を抱えながら生きることをめぐって次のような言葉をとりかわす。

「一回『死にたい』と言っても，その後やっぱり『死にたくない』と思いなおす。すごく揺れるんです。」(大野・川口，2012, p. 57)

「尊厳死というのは，周りの人から何を言われても自分で決めたのだから，絶対死ぬんだという決意を貫き通せという話です。」(大野・川口，2012, p. 59)

むしろ人の中にある，ときに矛盾しさえする様々な意志をその迷いのままに抱え込むことこそが倫理的なありかたではないか，という問いがここでなげかけられている。

よりはっきりと自己の多元性を倫理的に擁護しようとするのが，作家の平野啓一郎である。彼は自らの立場を「分人主義」と表現する。自己が関係の所産である以上，関係の多元性は，自己の多元性を生み出す。そのどれが本当で，どれがうそかと問うてみても意味はない。それぞれにどれもその関係に即して本当なのだから，それらをゆるやかに抱え込んで生きることこそがむしろ誠実な生き方ではないかと平野はいう[注5]。

以上をふまえて，本章冒頭の問いにあらためて答えるとするならこうなるだろう。今日の社会で進行している流動化は，自己やアイデンティティを多元化

II　自己・アイデンティティを生きる

させつつある。そして様々に異なる自己を，あまり整合的ではないものも含めて，ゆるやかに抱え込んで生きていこうとするポストエリクソン的なアイデンティティの様式が徐々に常態化していくだろう。それは，エリクソンが想定していたのとは異なる倫理的な主題を顕在化させ，「よく生きること」について真剣に問う，その問い方をも次第に変えていくであろう，と。

注1　実際，エリクソンは異なった社会や文化（例えば先進資本主義社会とネイティヴアメリカン社会）の比較を通じて，普遍的な構造を取り出そうと試みている（Erikson, 1963/1977/1980）。

注2　溝上慎一は，前者をインサイドアウト（内から出発し外に働きかける），後者をアウトサイドイン（外から出発し内を作りかえる）と表現している。彼の考えでは，かつてアウトサイドインだった大学生の意識は，1990年代以降，インサイドアウトに変化しつつあるという（溝上，2010）。

注3　このことが日本の自殺のある特徴に関わっているように思われる。他国と比較した際に日本の自殺率の特徴として指摘されるのは，それが社会経済的な諸要因と強く相関するということだ（Chen, Choi, & Sawada, 2007）。これは，失業が単に収入の減少を意味する以上に，アイデンティティやその基盤となる所属（居場所）の喪失でもあるからではないだろうか。

注4　ここでは10代・20代のデータを取り出しているが，より上の年齢層においても因子の構造はほぼ変わらない。

注5　彼はこのような多元性を認めることがとりわけ自殺という問題において重要であるとしており，これを作品の主題にも据えている（平野，2012）。

文献

浅野智彦　2014　SNSは「私」を変えるか　松田美佐・土橋臣吾・辻泉（編）　ケータイの2000年代　東京大学出版会

Bauman, Z. 2000 *Liquid modernity*. Polity.［森田典正訳　2001　リキッド・モダニティ　大月書店］

Beck, U., & Beck-Gernsheim, E. 2002 *Individualization*, Sage.

Brinton, M. C. 2008 *Lost in transition : Youth, education, and work in postindustrial Japan*. Cambridge: Cambridge University Press.［池村千秋訳　2008　失われた場を探して　NTT出版］

Chen, J., Choi,Y. J., & Sawada, Y. 2007 *How is suicide different in Japan*. CIRJE Discussion Paper.
Côté, J. 2005 Identity capital, social capital and the wider benefits of learning. *London Review of Education*, Vol. 3, No. 3, 221-237.
Côté, J., & Levine, C. 2002 *Identity formation, agency, and culture*. Lawrence Earlbaum Associates.
Erikson, E. H. 1963 *Childhood and Society* (2nd ed). ［仁科弥生訳　1977/1980　幼児期と社会1，2　みすず書房］
Erikson, E. H. 1974 *Dimensions of a new identity*. New York: Norton. ［五十嵐武士訳　1979　歴史の中のアイデンティティ　みすず書房］
Giddens, A. 1991 *Modernity and Self-Identity*. Redwood: Stanford UP. ［秋吉美都他訳　2005　モダニティと自己アイデンティティ　ハーベスト社］
濱口桂一郎　2009　新しい労働社会　岩波書店
平野啓一郎　2012　空白を満たしなさい　講談社
本田由紀（編）2015　現代社会論　有斐閣
栗原彬　1981　やさしさのゆくえ＝現代青年論　筑摩書房
松田美佐・土橋臣吾・辻泉（編）　2014　ケータイの2000年代　東京大学出版会
Mead, G. H. 1934 *Mind, self, society*. The University of Chicago Press. ［稲葉三千男・滝沢正樹・中野収訳　1973　精神・自我・社会　青木書店］
溝上慎一　2010　現代青年期の心理学　有斐閣
日本経営者団体連盟　1995　新時代の「日本的経営」
日本性教育協会（編）　2013　「若者の性」白書　小学館
小此木啓吾　1978　モラトリアム人間の時代　中央公論社
大野更紗・川口有美子　2012　生き延びるための女子会　現代思想，2012年6月号，54-69.
Riesman, D. 1961 *The Lonely crowd*. Yale University Press. ［加藤秀俊訳　1964　孤独な群衆　みすず書房］
Sennett, R. 1998 *The Corrosion of character*. W. W. Norton & Company. ［斎藤秀正訳　1999　それでも新資本主義についていくか　ダイヤモンド社］

自己・アイデンティティを超える

1章
マインドフルネスと自己
自己の心理学は人を救えるか？

伊藤義徳

1．マインドフルネス

(1) マインドフルネスとは

　最近，マインドフルネスという言葉が一つのブームとなっている。文献情報データベース PsychINFO を用いてタイトルに "mindfulness" が含まれる論文を検索すると，1995年は2件，2005年には79件であったのが，2015年には780件となっている。特にここ数年は，2012年が332件，2013年が467件，2014年が639件とうなぎのぼりの状況である。ちなみに2015年度において，"personality disorder" が冠された論文数が620件，"self-esteem" が325件，"self-regulation" が269件であった。また，学術研究の世界に限らず，マインドフルネスは社会にも浸透しつつある。そのきっかけの一つとして，5万人の社員を抱えるアメリカの一大IT企業，「最も幸せな企業」ともいわれるグーグル社で，"Search Inside Yourself" という独自のマインドフルネスプログラムが開発され（https://siyli.org/），社員に提供されたことがあげられる。これを皮切りに，インテルやツイッター，ナイキなど，様々な企業で社員のストレス軽減や能力開発のためにマインドフルネスが取り入れられるようになり（サンガ編集部，2015），そうした動向がアメリカ大衆雑誌 "TIME" において，"Mindful Revolution" として紹介されている（2014年2月3日号掲載）。日本でも，日経サイエンスの2015年1月号において，マインドフルネス瞑想とその効用が紹介されている（越川，2016）。

　マインドフルネスは本来，仏教の実践の中で重視される "sati（サティ）" という認知のあり方を指すパーリ語の英訳であり（菅村，2013），漢語では「念」と訳された。その意味は，今感じていることへの再認識，再確認，あ

るいは「気づき」である。日本語でも「念(ねん)」と呼んでいいのかもしれないが，「念じる」「怨念」など，日本語における「念」は宗教的な印象やひたすら「集中」するような印象を与える恐れがあることから，カタカナ語の「マインドフルネス」が浸透してきた。近年のマインドフルネスブームの火付け役であり，マインドフルネスストレス低減法(Mindfulness-Based Stress Reduction：MBSR)の創始者であるジョン・カバットジン(Kabat-Zinn, J.)は，マインドフルネスを「今ここでの経験に，評価や判断を加えることなく，意図的に注意を向けること(それによって得られる気づき)」と定義している(Kabat-Zinn, 1994/2012)。例えば，今現在，本書に目を通しながら，腰掛けている「おしり」にはどんな感じがあるだろうか。言葉で説明できるかどうかではなく，意識を向けたときに，そこにある感覚(触れている感覚，温度，重感，血の流れる感じなど何でも)が知覚されたなら，それがsatiである。意識を向けることで感じられる対象は，身体感覚だけでなく，自身の感情や思考などにも及ぶ。自身の様々な側面に対する気づきの瞬間がマインドフルネスなのである。

(2) マインドフルネストレーニングの効用

　こうした気づきの能力は，マインドフルネスの実践を通して，より「早く」「細かく」「大局的に」していくことが可能である。気づきが「早く」なることで，自身の中で感情や苦悩を増幅するプロセスにいち早く気づき，「つぼみのうちに摘み取る」ことができる。また，気づきが「細かく」なることで，一つの刺激に対して生じている多様な内的反応(思考，感情，身体感覚など)やその相互作用にも気づけるようになる。さらに，そうした気づきの経験を重ねるうちに，より「大局的」な視点から自身の変化に気づけるようになる。自身の中に生じるどんな経験も「事実ではなく心の中に生じた出来事の一つに過ぎない」といった達観した見方ができるようになってくる。こうした視点から自身を眺められるようになることを，脱中心化(decentering)と呼ぶ(Teasdale et al., 2002)。このような視点が獲得されることで，感情や苦悩に振り回されなくなるのである。マインドフルネスに基づく心理療法の効果は，脱中心化した視点の獲得によりもたらされることが明らかとなっている(伊藤・安藤・勝

倉, 2009)。

　近年, マインドフルネスに基づく心理療法は多数開発されているが, その多くがベースとしているのが MBSR である。これは, 8 セッションからなるグループアプローチであり, 慢性疼痛患者を対象に始まり (Kabat-Zinn, Lipworth, & Burney, 1985), うつや不安などの問題のほか, 糖尿病やがん患者の QOL 向上などにも効果を発揮している (Kabat-Zinn, 1990/2007)。また, シーガルらによるマインドフルネス認知療法 (Mindfulness-Based Cognitive Therapy：MBCT) (Segal, Williams, & Teasdale, 2002/2007) は, うつ病寛解者の再発予防に焦点化して開発されたプログラムであり, 再発を繰り返す重度の患者に特異的に再発予防効果を発揮することが示されている (伊藤・長谷川・甲田, 2010)。この他, 依存症の再発予防プログラムや, 摂食障害, 注意欠如多動症等を対象としたプログラムが考案されているが (解説書として, Hayes, Follette, & Linehan, 2004/2005；Greco & Hayes, 2008/2013), これらの心理療法は, いずれも毎日 45 分のマインドフルネス瞑想をホームワークに課すなど, 瞑想実践を中核としている点が特徴である。この他,「感情に振り回されず, うまくつきあう」スキルを身につけることを中核とし, 境界性パーソナリティ障害などの感情制御の問題を抱える人に効果を発揮する弁証法的行動療法 (Linehan, 1993) においても, マインドフルネスワークが用いられる。

(3) マインドフルネスの測定

　これまで述べてきた狭義のマインドフルネスの他, こうした気づきを活用する頻度や, その結果として獲得される, 経験に対する心的態度を含めてマインドフルネスと定義することもある (e.g., Bishop et al., 2004)。心的態度には経験に対する受容的で, 開放的で, 関心を持った態度などが含まれる。特性的なマインドフルネス傾向を測定する質問紙尺度は多数開発されている (レビューとして, 大谷, 2014)。例えば, ブラウンとライアン (Brown & Ryan, 2003) は, 今ここで生じていることに気づき, 注意を向ける傾向に特化して測定する尺度として, Mindful Attention Awareness Scale (MAAS) を開発している。また, バーら (Baer et al., 2006) は, 様々な視点から開発された尺度を一括して因子分析にかけるジョイント因子分析を行い, その結果に基づき Five

Facet Mindfulness Questionnaire（FFMQ）を開発している。ここでは，「体験の観察」「描写」「意識した行動」「判断しない態度」「反応しない態度」の5因子が見いだされている（項目は表7-1参照）。なお本邦では，MAASは藤野・梶村・野村（2015）が，FFMQについては杉浦ら（Sugiura et al., 2012）が邦訳版を作成している。この他，マインドフルな状態を測定する尺度も開発されている。例えば，Toronto Mindfulness Scale（TMS）（Lau et al., 2006）や，State Mindfulness Scale（SMS）（Tanay & Bernstein, 2013）などがある。

(4) マインドフルネス特性と自己概念

これまで述べてきたように，マインドフルネスの基本的な特徴は，自己に向けられた注意（self-directed attention）である（Baer, 2003）。そこで，マインドフルネスと自己意識や自己注目等との関係を検討した研究も行われている。

ブラウンとライアン（Brown & Ryan, 2003）はMAASを開発するにあたって，構成概念妥当性の検討の一環として，いくつかの自己関連指標との関連を検討している。まず，フェニグスタインら（Fenigstein, Scheier, & Buss, 1975）による自己意識尺度との関連を検討したところ，自身を他者のような視点から見る傾向を反映する「公的自己意識」との間に無相関か弱い負の相関が認められた（4つのサブグループを対象に，r=-.02, 〜 -.18, p<.05）。また，社会的場面における脅威を過度に気にしたり恥ずかしがる傾向を反映する「社会不安」との間に，弱いが一貫した負の相関が認められた（r=-.19, p<.01 〜 -.36, p<.0001）。他方，内的な気分や思考を内省する傾向を反映する「私的自己意識」との間には，ほとんど相関は見られなかった（r=-.05 〜 .05（いずれもn.s.））。また近年，私的自己意識は2つの要素から構成されていることが指摘されており（Cramer, 2000），この点を考慮して分析を行ったところ，気分や感覚に注意が向く傾向である「内的状態知覚」との間にのみ弱い正の相関（r=.18 〜 .23, p<.0001）が認められ，自己の内面に直接的な注意を向ける傾向を反映する「自己内省」については無相関であった（r=-.12 〜 -.19）。自己意識についていえば，客体的自己知覚（Buss, 1980）に相当する公的自己意識や社会不安は負の相関，また私的自己意識は無相関だが，外的刺激に対する反応に目が向く傾向とは若干正の相関があり，自己の内面に目を向ける傾向とは関連がない

III 自己・アイデンティティを超える

表7-1　Five Facet Mindfulness Questionnaire の項目（杉浦，2016）

		教示　以下の質問は普段のあなたにどの程度あてはまるでしょうか。あてはまる数字を一つ○で囲んでください。 1：まったくあてはまらない（あるいは非常にまれにしかあてはまらない） 2：めったにあてはまらない 3：たまにあてはまる 4：しばしばあてはまる 5：いつもあてはまる（非常にしばしばあてはまる）
体験の観察	1	歩いているときに、自分の身体が動いている感覚に意識的に注意を向けるようにする。
	6	シャワーを浴びたり、入浴している時、お湯が自分の身体に当たる感覚に敏感である。
	11	食べ物や飲み物がどのように自分の考え、身体の感覚、感情に影響を及ぼすかに気づく。
	15	髪に吹く風や、顔に当たる日光などの感覚に注意を向ける。
	20	時計が時を刻む音、鳥がさえずる声、車が通る音などの音に注意を向ける。
	26	物事の匂いや香りに気づく。
	31	芸術や自然をみるとき、色、形、質感、光と影のパターンなどの視覚要素に注意を向ける。
	36	自分の感情がどのように自分の考えや行動に影響するかに注意を向ける。
反応しない態度	4	自分の気分や感情に気づきつつ、それにどうしても反応してしまうということはない。
	9	感情を見守っていても、その中に迷い込むことはない。
	19	つらい考えやイメージが浮かんだとき、大抵それに心を占領されることなく、一歩下がってそれらを意識しておく。
	21	難しい状況で、慌てて反応することなく、一呼吸おくことができる。
	24	つらい考えやイメージが浮かんだとき、大抵じきに気持ちが落ち着く。
	29	つらい考えやイメージが浮かんだとき、大抵何とかしようとせずただそれらを見つめることができる。
	33	つらい考えやイメージが浮かんだとき、大抵それらに気づくだけで放っておく。
判断しない態度	＊ 3	不合理または不適切な感情をいだいたことで自分を責める。
	＊ 10	自分の感じ方に対して、そんなふうに感じるべきではないと自分に言い聞かせる。
	＊ 14	自分の考えの一部は異常か、悪いものだと思うし、そう考えるべきではないと思う。
	17	自分の考えが良いか悪いか判断する。
	＊ 25	自分の考え方に対して、そんなふうに考えるべきではないと自分に言い聞かせる。
	＊ 30	自分の感情のいくつかは不適当または不適切であり、それらを感じるべきではないと思う。
	＊ 35	辛い考えやイメージが浮かんだとき，大抵その内容によって自分が良かったのか悪かったのかを評価する。
	＊ 39	不合理な考えをいだいた時、自分に不満をいだく。
描写	2	自分の感情を表現する言葉を見つけるのが得意である。
	7	私は、簡単に自分の信念、意見、期待を言葉にできる。
	＊ 12	私にとって、自分が考えていることを表現する言葉を見つけるのは難しい。
	＊ 16	自分が物事についてどう感じているかを表現するぴったりとした言葉を思いつくのに苦労する。
	＊ 22	自分の身体に何かを感じた時、ぴったりとした言葉を見つけることができないために、それを表現するのが難しい。
	27	ひどく混乱した時でさえ、何とかそれを言葉で表現できる。
	32	自分の体験を言葉で表現する傾向をうまれもっている。
	37	たいてい現在自分がどのように感じているかをかなり詳細に表現することができる。
意識した行動	＊ 5	何かをする時、意識がどこかにそれて簡単に気が散る。
	＊ 8	空想にふけったり、心配したり、さもなければ、気が散って、自分がやっていることに注意を向けていない。
	＊ 13	簡単に気が散る。
	＊ 18	目の前で起きていることに集中し続けるのが難しいと感じる。
	＊ 23	自分がしていることをあまり意識せずに「自動操縦」で動いているみたいである。
	＊ 28	十分に注意を払わずに、性急に物事をすすめる。
	＊ 34	自分がしていることに注意を払わずに自動的に仕事をしている。
	＊ 38	気がつくと、注意を払わずに何かをしている。

＊　逆転項目

ことが示されたといえる。

　この他，自身の行動や自己表現を監視し制御する能力を反映する「セルフモニタリング傾向」(Snyder & Gangestad, 1986) については相関は得られなかった ($r=-.03$)。また自己注目傾向について，トラップネルとキャンベル (Trapnell & Campbell, 1999) の Rumination-Reflection Questionnaire (RRQ) を用いて検討がされたが，自己について探求し，分析し，追想する傾向を反映する「反省」因子との間には弱い正の相関が ($r=.06 \sim .20, p<.05$)，出来事についてくよくよ考え込み，何度も蒸し返して再評価する傾向を反映する「反すう」因子とは弱いながらも一貫した負の相関 ($r=-.29 \sim -.39, p<.0001$) が示された。

　さらに，FFMQ を用いて因子ごとに自己意識尺度との関連を検討した研究もある。エヴァンスら (Evans, Baer, & Segerstrom, 2009) によれば，「公的自己意識」は，FFMQ の「5因子総合得点」とは無相関 ($r=-.10$)，「体験の観察」因子とは，弱い正の相関 ($r=.28, p<.05$)，「判断しない態度」因子とは，弱い負の相関 ($r=-.32, p<.05$) を示すことが明らかとなった。他方，「私的自己意識」については，「総合得点」は無相関であるのに対して，「体験の観察」因子とは，中程度の正の相関 ($r=.48, p<.05$)，逆に「判断しない態度」とは，中程度の負の相関 ($r=-.49, p<.05$) が示された。さらに，私的自己意識の下位概念である「内的状態知覚」との間には，「総合得点」は弱い負の相関 ($r=-.29, p<.05$)，「体験の観察」は，弱い正の相関 ($r=.38, p<.05$)，「判断しない態度」とは，中程度の負の相関 ($r=-.58, p<.05$) が示された。同様に「自己内省」との間には，「総合得点」は無相関 ($r=.13$)，「体験の観察」は中程度の正の相関 ($r=.45, p<.05$)，「判断しない態度」とは弱い負の相関 ($r=-.38, p<.05$) が示された。

　ブラウンとライアン (Brown & Ryan, 2003) と比べると，「内的状態知覚」に対して弱い正の相関から負の相関へと関係が逆転している。この結果は，MAAS が自身の経験に対する注意と気づきのみに焦点化された尺度であるのに対して，FFMQ はより広義の脱中心化した心的態度が反映される尺度であることが影響しているといえよう。さらに，FFMQ の因子ごとの関係性の違いを見ると，「体験の観察」は自己意識指標と一様に正の相関があるのに対し

て,「判断しない態度」は一貫して負の相関が見られた。これらの項目の特徴から,自己意識とは能動的な注意の操作とより関連する概念であることがうかがえる。

　以上の通り,少なくともマインドフルネスは,単なる自己意識や自己注目傾向とは異なる概念のようである。しかしライアンとリグビィ (Ryan & Rigby, 2015) は,両者の最も明確な違いは,自己を客観的な視点から評価し,あるいは概念化した結果を反映するか否か,つまり me-self,あるいは Self-as-Object (e.g., James, 1890) としての自己を反映するか否かにあると指摘している。我々は自己を概念的に設定し,それに対して分析し,監視し,制御し,熟慮し,心配し,自惚れに浸るなど,様々な形で執着したり関わろうとする。しかしそうした自己に対する認識の仕方は概してマインドフルではない。Self-as-Object は,自己を対象化し,固定化してとらえ,それゆえに認識と評価や判断の結果生じた「対象」との区別を生み出す。対照的にマインドフルネスは,そうした二分法的区別を離れることとこそ関係しているのである (Ryan & Rigby, 2015)。認識の主体と対象との区別を離れる,とはどういう意味だろうか。それは,マインドフルネスの出自である仏教における自己概念のとらえ方をひもとくことで理解されるかもしれない。

2. 仏教における自己の問題

(1) 原始仏教における我執

　仏教は世界三大宗教の一つに数えられるが,本来は宗教ですらなく,転迷開悟を目的とした実践法であった。宗教には,スピリチュアリティや信仰といった要素が不可欠だが,ゴータマ・ブッダ自身はそういった要素を否定し(あるいは語ることをあえて避け),具体的な実践の蓄積により,苦しみのある世界からの解脱を目指す方法を示したのである。ブッダの死後100年ほどの間はその実践法が守られていたが,やがて実践よりもその理論の研究が熱心になされるようになり,そうなると「どちらの解釈がより正しいか」といった本質とは異なる議論が巻き起こることになる。こうして,現在の大乗や上座部といった「部派」が生じ,どの考え方をより「信じるか」といった信仰の対象としての仏教が生まれてくるのである。ブッダが体系化し,実践してきた初期の仏教を

原始仏教（根本仏教）と呼ぶが，マインドフルネス実践の根拠を示す原始仏教の考え方について理解を深めることは，マインドフルネスを理解する上で不可欠といえる。近年の西洋におけるマインドフルネスのテキストでは，科学的な知見と仏教の知見を並列して紹介するものが増えてきている（e.g., Williams & Kabat-Zinn, 2012）。

　仏教において，そもそもなぜマインドフルネスの訓練が必要とされるのかといえば，それは人が生きる上で避けがたくのしかかる苦悩から解放されるためである。苦悩を生み出す根源として，「貪欲」「瞋恚」「愚痴」の三毒がある。貪欲は，好ましい対象に執着する心であり，瞋恚は，その反対で好ましくない対象を嫌悪し憎しみ（怒り）を持つこと，そして愚痴というのは根源的な無知であり，ものごとをありのまま（如実）に知見できないことを意味する。そして，この三毒を生じる根源は，「自分」という存在を実体視し，その視点からものを見る「我執」にあるとされている（『マッジマ・ニカーヤ』）。我々は常日頃「私」を前提に生活している。「私は人より劣っている」「私はあの人に好かれているだろうか」「私は先生だ」「私はカレーが食べたいのにあいつはラーメンがいいと言う」など，「私」を意識する例は枚挙に暇がないが，こうした「私」視点に基づく思考のすべてが，常住不変の「私」を前提に置いた考え方である。「私がある」という幻想が出発点となり，それを守ったり，それと他人を比較したり，それを誇示しようといったさらなる幻想が膨れあがる。反対にもし「私」がなくなれば，何かを欲したり，嫌悪したり，傷ついたりすることもなくなるはずである。しかし，自分には手も足もあれば，「我思う，ゆえに我あり」というように，思考する私もまた厳然と存在する。それを「実体視しない」とはどういうことであろうか。

(2) 三相（さんそう）

　このことを腑に落ちて理解できるようになることが，仏教において悟りを開き，解脱する上で不可欠となる。その手がかりとなるのが，無常，苦，無我というこの世界に関する根本的な法則であり，まとめて三相と呼ばれる。以下に，魚川（2015）の『仏教思想のゼロポイント』を参考に，できるだけ簡潔に紹介する。

まず、無我を理解するためには、仏教における最も根源的な世界観である「縁起（inter-dependence）」を知る必要がある。これは、「あらゆる存在や現象は、何らかの原因や条件の寄り集まりによって生じている」という考え方を意味する。一輪の花は、種という原因があり、そこに適度な温度や水分、土壌やその養分などといった条件が適切に作用したときに初めて咲くことができる。そのように考えれば、それ単体だけで「存在している」と言い切れるものは何一つない。当たり前のように聞こえるかもしれないが、このことは花に限らず、この世に存在するすべての存在や現象に当てはまるのである。そして、このことを前提とすると、あらゆる存在は一定の条件が整ったときだけ「有る」ように感じられるだけで、そうした条件が常に変化している以上、存在は常に変化せずにはいられないということになる。「二人の友情は永遠に変わらないよ」と熱く交わした男同士の約束も、一人の女性の登場によりもろくも崩れ去るように、変化しないものは何一つない、というのが、「無常（諸行無常）」という法則である。

そして、諸行が無常であるということは、我々にとっての苦しみはこの世からなくならない、ということを意味する。ここでいう苦しみは、身体的苦痛だけを指す言葉ではない。おいしい食べ物も食べ続けるうちにおなかが苦しくなってくるし、どんなスポーツ好きでも、何時間も続けていれば疲弊してくる。快の状態もまた無常なのである。仏教でいう「苦」とは、一義的には「不満足」の状態を指す。不満足であるからこそ、こうした状態を変えようと人はもがく。しかし、そうした苦悩はなくそうとすればするほど大きくなる。この世の苦悩はなくなることはない、というのが仏教における法則の一つなのである。

ここからが本題になるが、無常であり苦であるということは、無我である、と仏教では論じる。「無我」とは、仏教研究の中でも最も議論が盛んな概念の一つであるが、「自分はいない」とか「解脱すると自分じゃないものになる」などと誤解して理解されることも多い。しかし、「無我」の本来的意味は、「それは私のものではなく、それは私ではなく、それは私の本体・実体ではない」ということである（『サンユッタ・ニカーヤ』）。つまり、「自己は、己の支配下になく、コントロールもできない」ということを意味する。もし自分自身が自分のもので自身の支配下にあるなら、風邪をひいたり、容姿が気に入らない

等ということはないだろう（『ヴィナヤ・ピタカ』）。しかし，実際には無常の影響を受け，様々な因縁の中で自己もまた自身の意思とは無関係に変化しており，制御は不能である。さらに，その制御したい，という意思そのものも，実際には様々な条件により作り上げられている。「私は自分の意思であの嫌なやつを殺してやった！」と言いきるような加害者も，供述を始めると，それまでの不遇な生い立ちや，そのときの怒り感情，偶然その場で刃物が手に入ったなど，自身の意思とは無関係の条件によって急き立てられていたことを語り出す。自身の中に生じる思考や感情も，あらゆる因縁の結果生じる一つの結果に過ぎない。つまり「無我」とは，不変に存在するコントロールの主体としての自我は存在しない，というような意味なのである（ここまで，魚川，2015）。

　このようにいうと，「無我なんだから自分はいないも同然だ」とニヒリズムに陥ったり，「無我っていうのに，悟った後もお釈迦さんは生きて歩いていたじゃないか」などと無我の実体論を議論したくなるかもしれない。しかし，三相はそれが絶対的真実であると主張するために提唱されたわけではない。ゴータマ・ブッダは，永遠に変化しない存在を前提とした議論（常見）も，他の影響を受けない孤立的存在を前提とした議論（断見）も，悟りに向かうことを妨げる誤ったものの見方として否定している。それにもかかわらず，ないと断言するような無我をなぜ説いたのかというと，これは哲学的テーゼというよりむしろ，実践者に与えられた主観的マーカーとして解釈すべきである。先にも述べたように，原始仏教は，信仰や哲学である以前に実践の体系である。修行の実践を重ねる過程で，そう思えるようになったとしたらそれは正しい方向に進んでいますよ，ということを教えてくれる道標として三相はあるのである。

　いずれにせよ，この世の苦悩から解脱するために「私はない」という感覚を腑に落ちて理解することが仏教では目指される。逆にいえば，自己を対象化して認識し，変わらない自分という存在がある，とする常見や，自分だけが人と違う，といった断見を持って世の中を見ること（我執）は苦悩の根源とされる。このように考えると，少なくとも仏教の観点からいうならば，me-selfやSelf-as-Objectの視点から自己を探求することは，むしろ苦悩の根源を増やすことにつながりはしないだろうか。

(3) 自尊感情の問題性

こうした指摘は近年，心理学者の中からもなされてきている。me-self の視点に基づく自己概念の代表として，自尊感情（self-esteem）がある。自尊感情は自己に対する肯定的評価と感情を反映し（Roesenberg, 1965），古くから自尊感情の高さは日々の肯定的感情，精神健康の高さやストレス反応の低さ，未来に対する肯定的認知などと関連することが示されてきた（レビューとして，中間，2007）。しかし，近年では，自尊感情をそのまま健康なパーソナリティの指標とすることに対する疑義が多方面から提出されている（中間，2012）。例えば，①自尊感情は他の要因との交互作用することで全く異なる効果を発揮しうる，②自尊感情にも多様な次元があり（状態―特性，安定性など），それぞれの組み合わせにより効果が異なる，③自尊感情の概念自体が多義的であるため，より適応的な側面を抽出する必要がある，などの指摘がある（中間，2012）。

カーニス（Kernis, 2003）によれば，人は内的な自己イメージに基づく基準に到達しようと日々奮闘しており，それが成功したときに自尊感情が喚起する。そしてこの基準は，自身の経験の蓄積により構築されたオリジナルの視点というよりも，自身に対する他者の評価や認識の内在化によって成り立っている（McAdams, 1990）。そのため，この基準を追い求めることは，むしろ様々な不安や葛藤を生じ，さらにはそれを維持したり，反対に傷ついた自我を守るための防衛的行動の源泉となることが指摘されている（Brown et al., 2008；Weinstein, Ryan et al., 2012）。

ライアンとリグビィ（Ryan & Rigby, 2015）は，こうした現象を自己決定理論（Self-Determination Theory: SDT）（Deci & Ryan, 1985）の観点から説明している。SDT とは，自己決定性の概念を核として，様々な領域における動機づけを包括する理論的枠組みであり（岡田，2010），5つのミニ理論から構成される複合的な体系を持つ。紙幅の都合で詳細は別に譲るが（例えば，山口，2012），内発的動機づけに関わる主要な認知的評価として，①自身が感じる動機に対する自己原因性（self-causality），②課題に対する自身の有能感（competence），③報酬とそれに対する評価があげられる。そして，課題に取り組む姿勢として，自分にとって価値があるかが優先される状態である「自我

関与（ego-involvement）」と，課題それ自体の面白さにひかれて課題遂行する状態である「課題関与（task-involvement）」が区別される。自我関与は，自身にとっての価値が常にモニターされるため，課題に対する反応は常に結果に依存することになる。そのため自律や解放よりもむしろ，不安定と制御の源となる（Kernis, 2003）。また自我関与は，取り入れの防衛機制の一形態と見なされる（Rigby et al., 1992），自尊感情もまた，他者視点の取り入れによって成り立っている。そのため課題遂行には精神的緊張が伴い，課題に自身が制御されるような感覚と共に，内発的な動機づけは低下するのである（Ryan, 1982）。

（4）me-self による防衛的反応

自尊感情に限らず，自己（me-self）が意識される状態は，自我関与の高まりと関連する。社会的基準の取り入れ的防衛機制が採用されて成果が常にモニターされ，それが不安定な状態や苦悩をもたらす。こうした考え方は，先に述べた仏教における我執の問題性に関する議論と一致するといえよう。それだけにとどまらず，こうした苦悩を経験しないため，またこうした苦悩を回避するために様々な努力やさらなる防衛的反応が生じるが，これらも我執の一部と見なすことができる。自己概念の脅威に対する防衛的反応の例は，心理学分野においても数多く研究の対象となっている。例えば，脅威管理理論（Terror Management Theory：TMT）（Solomon, Greenberg, & Pyszczynski, 2004）は，自己の非永続性や死の概念の知覚から自己を保護する欲求が，様々な防衛的行動を動機づけることを示唆する。死を想起する刺激に実験参加者を曝し，その後の行動を追跡する「死の顕在化（Mortality Salience：MS）」手続きを用いた多くの研究において，人は死の思考を刺激されると，所属する集団に対する忠誠や成員外の人々を傷つけたり排除する傾向を高め，それにより自尊感情や有用感を向上させることが示されている。自己の非永続性に対する恐怖が，自己の連続性や価値の感情を支える妄想的信念やアイデンティティに対する防衛的執着を導くのである（Ryan & Rigby, 2015）。

また，自己本位性脅威モデル（Threaten Egotism Model: TEM）（Baumeister, Smart, & Boden, 1996）は，自己愛と他者への攻撃性の関係を説明するためのモデルである（図7-1）。本モデルでは，高揚された自己評価と他者評価のず

III 自己・アイデンティティを超える

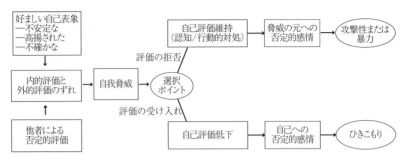

図7-1 自己本位性脅威モデル（Baumeister, Smart, & Boden, 1996 をもとに作成）

れによって生じる「自我脅威」を中心に据え，この脅威の原因となった外的評価を拒否して自己評価を維持するために攻撃行動が生じると説明される。なお，どうしても外的評価を受け入れざるを得ない場合には，これ以上自己を傷つけないためにひきこもり（対人的退却）行動が選択される。自己愛は我執の典型例といえるが，人は自己を守るために多様な次元において対処を行っているのである。

さらに自己愛と関連して，高い自己評価を自身の中で維持する傾向はポジティブイリュージョンと呼ばれる（Positive Illusion: PI）（Taylor & Brown, 1988）。PIは，短期的に見れば精神健康と正の相関を持つ（e.g., Hoffman et al., 2000）が，長期的に見ると社会的不適応と関連することが示されている。例えば，ロビンスとビア（Robins & Beer, 2001）は，大学生を対象に調査を行った結果，入学時の調査においてPI傾向が高かった者は自尊感情や主観的well-beingも高かったが，卒業時にはPI傾向者の自尊感情や主観的well-beingが有意に低下していることを示した。平仲（2016）は，PI傾向者は他者からミスを指摘されるような自我脅威場面において，その指摘を受け入れて改善する傾向が少ないことを示しており，こうしたことが長期的な不適応に影響していると考えられる。

この他，ヴァインスタインら（Weinstein, Przybylski, & Ryan, 2012）は，実験参加者の性的アイデンティティ（同性が好み―異性が好み）について，顕在指標と潜在指標を用いてたずね，その差を比較した。その結果，一部の人々

は，両指標の結果に有意な乖離が見られ，そうした人々は概して，他の参加者よりもゲイやレズビアンに対して脅威を感じ，あるいは同性を好むことに対して敵意や攻撃の兆候を示すことを明らかにした。

このように，特定の自己概念に執着することが（無意識的）防衛を導くことを示唆している。さらに，TMT や TEM は，自己の永続性や自己愛に対する貪欲を，TMT や TEM，ヴァインスタインらの研究は他者に対する怒りや攻撃性（＝瞋恚）を，PI は自身の失敗を正しく認識できないという点で愚痴を，というように，いずれも我執に伴う三毒と関連した感情が喚起することを示している。仏教理論は現代の心理学によって着実に実証されつつあるようである。

(5) マインドフルネスと我執

ところで，特性マインドフルネスと特性自尊感情の間には，一般的に中程度以上の正の相関が示される）（e.g., Brown & Ryan, 2003；2つのグループにおいて $r=.39, p<.0001, r=.50, p<.0001$）。これまでの議論と，マインドフルネスが我執を減するための訓練として使用されていることをあわせて考えると，この相関は容易に理解しがたい。この点についてライアンとリグビィ（Ryan & Rigby, 2015）は，自尊感情に関する尺度が，自身を全般的にポジティブに捉える傾向を反映する項目により構成されており，マインドフルネスもまた全般的なポジティビティと関連する概念であるために生じた結果であると考察している。また，高自尊感情者特有の防衛的情報処理の影響も示唆されている（Ryan & Brown, 2003）。マインドフルネスに限らず，こうした反応バイアスの反映しやすさは質問紙法に共通した問題点といえる。こうしたバイアスの影響をできる限り避けるためにも，自己概念やそれに対する防衛的反応に対するマインドフルネスの影響についての実験的検討が望まれるが，そうした取り組みは思いのほか少ない。数少ない例として，クレスウェルら（Creswell, Eisenberger, & Lieberman, 2008）は，防衛的反応を導く自我脅威場面として社会的集団からの排除を設定し実験を行った結果，マインドフルネス傾向高者は排除に対する苦痛が有意に低いことを示した。自己概念が脅威に曝されていることに気づきつつ，そこにあまり執着しないことが苦痛を減じたと考えられる。また，バーンズら（Barnes et al., 2007）は，恋愛関係にあるカップル

を実験室に呼んで，意見が食い違いやすいテーマについて議論を行わせた。その結果，高マインドフルネス傾向者はそうでない人と比べて議論中の苦痛（怒りや不安）が有意に低かった。さらに，議論中の状態マインドフルネスが，議論終了後のパートナーに対するポジティブ気分の向上を予測した。マインドフルネスが議論の最中に生じた小さな問題や葛藤に対するより多くの気づきを促し，それらを回避したり気そらしすることなく向き合おうとする姿勢が，より適応的なコミュニケーションを促したと考えられる。

　さらに，MS 操作に反応する傾向をマインドフルネスが調整することを示す研究も行われている。ニーミエックら（Niemiec et al., 2010）は，MS 刺激による手続きを用いて典型的な TMT 効果を確認したが，こうした効果はマインドフルネス傾向低者にだけ顕著に見られ，マインドフルネス傾向高者にはそうした防衛的反応は見られなかった。さらに，死のリマインダーを初めて提示されたとき，そのプロセスに高マインドフルネス傾向者はオープンであった。これに対して低マインドフルネス傾向者は，初期には MS 刺激に対する処理の浅さを示した一方で，一定期間経過後でも死に対するアクセシビリティが高く，死の思考が彼らの中で依然（無意識的に）活性化し続けていたことが示唆された。対照的に高マインドフルネス傾向者は，刺激を受け入れ十分接したことでより早くその経験を同化し，その後はもはや潜在的にも死に囚われなくなったと考えられる。

　以上の通り，マインドフルネスは me-self と関連した防衛的傾向を調整する働きを持つようである。それは，マインドフルネスと低い自我関与，防衛的反応，ストレス評価との関連（e.g., Kernis & Goldman, 2006；Weinstein, Brown, & Ryan, 2009）によっても裏づけられる。

　仏教からの中核的メッセージは，我々の苦悩の源泉は「対象としての自己」つまり，経験，永続性，あるいはアイデンティティに対する執着である（Trungpa, 1976）ということである。「自己」がいかに精妙に構成されていようとも，それは本質的に「妄想（仏教ではもうぞうと読む）」である。しかし，我々の自己概念化への連祷（「私は研究者」「私は父親」「私は競技者」……）は，我々を定義する「永続性」についての意識的/無意識的信念と結託して，堅さの源たる「アイデンティティ」を構成しようと試みる。よく引用される禅

のたとえ話を用いるなら，アイデンティティが「現実」であると信じることは，誰かが握りしめている手を見て，あれこそ拳骨だと信じるほどに危うい。指が伸ばされたとき，拳骨はどこにいってしまうのだろうか。これと同じように，我々の存在は時々刻々変化している。自己が経験しているこの瞬間は，自然に次へとつながる単なる一時的な出来事に過ぎない。マインドフルネスは，そうした自己の本来的なあり方を体得するための鍵である。幸福へと向かうために，自己の「夢」のような特性に対して気づきつつ，一方で瞬間から瞬間へと移り変わる自己の経験に対しても同時に気づいていることが肝要なのである（Ryan & Rigby, 2015）。

最後に

「me-self」という西洋の概念は，仏教の教義において「妄想的」として明確に否定される自己のあり方と軌を一にするため，それに執着することが苦悩を生む（Sogyal, 2002）というのが，本章の主張の中核であった。しかし，それは me-self に関する心理学が不必要であることを全く意味しない。

仏教においても，無我を悟ることを目指しつつも，我は悟りの完成において不可欠な存在であることが指摘されている。例えば，ブッダの最期のエピソードがまとめられた大パリニッバーナ経では，ブッダの遺言として「自らを島とし，自らをよりどころとして，他をよりどころとせず，法を島とし，法をよりどころとして，他をよりどころとせずにあれ」という言葉が紹介されている。さらに，修行を始める上で携えなくてはならない 7 つの道具（7 具足）の一つに，「我具足」があげられている。自己をしっかり携え，己を信じて修行をすることが悟りには不可欠なのである（魚川，2015）。我執を滅するためには，滅する対象であるところの我をよく知らなくては始まらない。また瞑想は，ただ座り，呼吸を感じていればよいのではない。その中で見えてくる自身の弱さや醜さにしっかり気づき，向き合い，それでいてそれに対する平静な態度（equanimity）を養う。自分自身との「つきあい方」を学ぶことが悟りへの道なのである。

「me-self」の自己心理学を修めることは，我具足を確かなものとする貴重な材料を提供してくれる。大事なことは，それに囚われないことである。囚われ

は対象の実体視から生まれる。自己心理学の知見も実体視も絶対視もせず，暗闇の中，今ここでの自身の足下を照らしてくれる一条の光としてうまく活用することができれば，一歩一歩前進するための大きな助けとなるであろう。

文献

Baer, R. A. 2003 Mindfulness training as a clinical intervention: A conceptual and empirical review. *Clinical Psychology: Science and Practice*, 10 (2), 125-143.

Baer, R. A., Smith, G. T., Hopkins, J., Krietemeyer, J., & Toney, L. 2006 Using self-report assessment methods to explore facets of mindfulness. *Assessment*, 13, 27-45.

Barnes, S., Brown, K. W., Krusemark, E., Campbell, W. K., & Rogge, R. D. 2007 The role of mindfulness in romantic relationship satisfaction and responses to relationship stress. *Journal of Marital and Family Therapy*, 33 (4), 482-500.

Baumeister, R. F., Smart, L., & Boden, J. M. 1996 Relation of threatened egotism to violence and aggression : The dark side of high self-esteem. *Psychological Review*, 103 (1), 5-33.

Bishop, S. R., Lau, M., Shapiro, S., Carlson, L., Anderson, N. D., Carmody, J., & Devins, G. 2004 Mindfulness: A proposed operational definition. *Clinical Psychology: Science and Practice*, 11 (3), 230-241.

Brown, K. W., & Ryan, R. M. 2003 The benefits of being present: Mindfulness and its role in psychological well-being. *Journal of Personality and Social Psychology*, 84 (4), 822-848.

Brown, K. W., Ryan, R. M., Creswell, J. D., & Niemiec, C. P. 2008 Beyond me: Mindful responses to social threat. In H. A. Wayment & J. J. Bauer (Eds.), *Transcending self-interest: Psychological explorations of the quiet ego*. Washington D.C.: American Psychological Association, pp. 75-84.

Buss, A. H. 1980 *Self-consciousness and social anxiety*. San Francisco: W. H. Freeman.

Cramer, P. 2000 Defense mechanisms in psychology today: Further processes for adaptation. *American Psychologist*, 55 (6), 637-646.

Creswell, J. D., Eisenberger, N., & Lieberman, M. 2008 *Neural correlates of mindfulness during social exclusion*. Unpublished Manuscript, Los Angeles: University of California.

Deci, E. L., & Ryan, R. M. 1985 *Intrinsic motivation and self-determination in human behavior*. New York: Plenum Press.

Evans D. R., Baer R. A., & Segerstrom S. C. 2009 The effects of mindfulness and self-consciousness on persistence. *Personality and Individual Differences*, 47 (4), 379-382.

Fenigstein, A., Scheier, M. F., & Buss, A. H. 1975 Public and private self-consciousness:

Assessment and theory. *Journal of Consulting and Clinical Psychology*, 43（4）, 522-527.

藤野正寬・梶村昇吾・野村理朗　2015　日本語版 Mindful Attention Awareness Scale の開発および項目反応理論による検討　*Japanese Journal of Personality*, 24（1）, 61-76.

Greco, L. A., & Hayes, S. C. 2008 *Acceptance & mindfulness treatments for children & adolescents: A practitioner's guide*. California: New Harbinger Publications.［武藤崇監修　伊藤義徳・石川信一・三田村仰監訳　小川真弓訳　2013　子どもと青少年のためのマインドフルネス&アクセプタンス　新世代の認知／行動療法実践ガイド　明石書店］

Hayes, S. C., Follette, V. M., & Linehan, M. 2004 *Mindfulness and acceptance: Expanding the cognitive-behaviral tradition*. New York: Guilford Press.［春木豊監修　武藤崇・伊藤義徳・杉浦義典監訳　2005　マインドフルネス&アクセプタンス：認知行動療法の新次元　ブレーン出版］

平仲唯　2016　Positive Illusion が失敗経験後の反省行動に及ぼす影響　平成 27 年度琉球大学大学院教育学研究科臨床心理学専攻修士論文（未刊行）

Hoffman, K. B., Cole, D. A., Martin, J. M., Tram, J., & Seroczynski, A. D. 2000 Are the discrepancies between self-and others' appraisals of competence predictive or reflective of depressive symptoms in children and adolescents: A longitudinal study, Part II. *Journal of Abnormal Psychology*, 109（4）, 651.

伊藤義徳・安藤治・勝倉りえこ　2009　禅の瞑想プログラムを用いた集団トレーニングが精神的健康に及ぼす効果：認知的変容を媒介変数として　心身医学, 49（3）, 233-239.

伊藤義徳・長谷川晃・甲田宗良　2010　うつ病の異常心理学：再発予防とマインドフルネス認知療法の観点から　感情心理学研究, 18（1）, 51-63.

James, W. 1890 *The principles of psychology*. New York: Holt.

Kabat-Zinn, J. 1990 *Full catastrophe living: Using the wisdom of your body and mind to face stress, pain, and illness*. New York: Delacorte Press.［春木豊訳　2007　マインドフルネスストレス低減法　北大路書房］

Kabat-Zinn, J. 1994 *Wherever you go, there you are mindfulness meditation in everyday life*. New York: Hyperion.［田中麻里監訳　松丸さとみ訳　2012　マインドフルネスを始めたいあなたへ：毎日の生活でできる瞑想　星和書店］

Kabat-Zinn, J., Lipworth, L., & Burney, R. 1985 The clinical use of mindfulness meditation for the self-regulation of chronic pain. *Journal of Behavioral Medicine*, 8（2）, 163-190.

Kernis, M. H. 2003 Toward a conceptualization of optimal self-esteem. *Psychological Inquiry*, 14, 1-26.

Kernis, M. H., & Goldman, B. M. 2006 A multicomponent conceptualization of authenticity: Theory and research. In M. P. Zanna（Ed.）, *Advances in experimental social psychology*. San Diego: Elsevier, vol. 38, 283-357.

越川房子　2016　マインドフルネス瞑想の効果機序　貝谷久宣・熊野宏昭・越川房子（編著）マインドフルネス：基礎と実践　日本評論社

Lau, M., Bishop, S. R., Segal, Z. V., Buis, T., Anderson, N. D., Carlson, L., Shapiro,

S., Carmody, J., Abbey, S., & Devins, G. 2006 The Toronto Mindfulness Scale: Development and validation. *Journal of Clinical Psychology*, 62（12）, 1445-1467.
Linehan, M. M. 1993 *Skills training manual for treating borderline personality disorder.* New York: Guilford Press.
McAdams, D. P. 1990 *The person: An introduction to personality.* New York: Harcourt Brace Jovanovich.
中間玲子　2007　自己形成の心理学　風間書房
中間玲子　2012　人格心理学における自己論の流れ　梶田叡一・溝上慎一（編）　自己心理学を学ぶ人のために　世界思想社
Niemiec, C. P., Brown, K. W., Kashdan, T. B., Cozzolino, P. J., Breen, W. E., Levesque-Bristol, C., et al. 2010 Being present in the face of existential Threat: The role of trait mindfulness in reducing defensive responses to mortality salience. *Journal of Personality and Social Psychology*, 99（2）, 344-365.
岡田涼　2010　自己決定理論における動機づけ概念間の関連性：メタ分析による相関係数の統合　パーソナリティ研究, 18（2）, 152-160.
大谷彰　2014　マインドフルネス入門講義　金剛出版
Rigby, C. S., Deci, E. L., Patrick, B. C., & Ryan, R. M. 1992 Beyond the intrinsic-extrinsic dichotomy, self-determination in motivation and learning. *Motivation and Emotion*, 16（3）, 165-185.
Robins, R. W., & Beer, J. S. 2001 Positive illusions about the self: Short-term benefits and long-term costs. *Journal of Personality and Social Psychology*, 80(2), 340-352.
Rosenberg, M. 1965 *Rosenberg self-esteem scale（RSE）, Acceptance and commitment therapy.* Measures package, 61.
Ryan, R. M. 1982 Control and information in the intrapersonal sphere: An extension of cognitive evaluation theory. *Journal of personality and social psychology*, 43（3）, 450.
Ryan, R. M., & Brown, K. W. 2003 Why we don't need self-esteem: On fundamental needs, contingent love, and mindfulness. *Psychological Inquiry*, 14（1）, 71-76.
Ryan, R. M., & Rigby. C. S. 2015 Did the Buddha have a self?: No-Self, self, and mindfulness in Buddhist thought and western psychologies. In K. W. Brown, J. D. Creswell & R. M. Ryan. *Handbook of mindfulness theory, research, and practice.* New York: The Guilford Press.
サンガ編集部（編）　2015　グーグルのマインドフルネス革命　グーグル社員5万人の「10人に1人」が実践する最先端のプラクティス　サンガ
Segal, Z. V., Williams, J. M. G., & Teasdale, J. D. 2002 *Mindfulness-based cognitive therapy for depression: A new approach to preventing relapse.* New York: Guilford Press.［越川房子監訳　2007　マインドフルネス認知療法：うつを予防する新しいアプローチ　北大路書房］
Snyder, M., & Gangestad, S. 1986 On the nature of self-monitoring: Matters of assessment, matters of validity. *Journal of Personality and Social Psychology*, 51（1）, 125-139.

Sogyal, R. 2002 *The Tibetan book of living and dying.* New York: HarperCollins.

Solomon, S., Greenberg, J., & Pyszczynski, T. 2004 The Cultural Animal: Twenty years of terror management theory and research. In J. Greenberg, S. L. Koole, & T. Pyszcyzinski (Eds.), *Handbook of experimental existential psychology.* New York: Guilford Press.

菅村玄二 2013 マインドフルネスとは？：意味と効果とそのメカニズム J. カバットジン（著）春木豊・菅村玄二（編訳） マインドフルネス瞑想ガイド：4枚組のCDで実践する 北大路書房

杉浦義典 2016 マインドフルネスの心理学的基礎 貝谷久宣・熊野宏昭・越川房子（編） マインドフルネス：基礎と実践 日本評論社

Sugiura, Y., Sato, A., Ito, Y., & Murakami, H. 2012 Development and validation of the Japanese version of the Five Facet Mindfulness Questionnaire. *Mindfulness*, 3 (2), 85-94.

Tanay, G., & Bernstein, A. 2013 State Mindfulness Scale (SMS): Development and initial validation. *Psychological Assessment*, 25 (4), 1286-1299.

Taylor, S. E., & Brown, J. D. 1988 Illusion and well-being: A social psychological perspective on mental health. *Psychological Bulletin*, 103 (2), 193.

Teasdale, J. D., Moore, R. G., Hayhurst, H., Pope, M., Williams, S., & Segal, Z. V. 2002 Metacognitive awareness and prevention of relapse in depression: Empirical evidence. *Journal of Consulting and Clinical Psychology*, 70, 275-287.

Trapnell, P. D., & Campbell, J. D. 1999 Private self-consciousness and the five-factor model of personality: Distinguishing rumination from reflection. *Journal of Personality and Social Psychology*, 76 (2), 284-304.

Trungpa, C. 1976 *The myth of freedom and the way of mediation.* London: Shambhahla.

魚川祐司 2015 仏教思想のゼロポイント 「悟り」とは何か 新潮社

Weinstein, N., Brown, K. W., & Ryan, R. M. 2009 A multi-method examination of the effects of mindfulness on stress attribution, coping, and emotional well-being. *Journal of Research in Personality*, 43 (3), 374-385.

Weinstein, N., Przybylski, A. K., & Ryan, R. M. 2012 The index of autonomous functioning: Development of a scale of human autonomy. *Journal of Research in Personality*, 46 (4), 397-413.

Weinstein, N., Ryan, W. S., DeHaan, C. R., Przybylski, A. K., Legate, N., & Ryan, R. M. 2012 Parental autonomy support and discrepancies between implicit and explicit sexual identities: Dynamics of self-acceptance and defense. *Journal of Personality and Social Psychology*, 102 (4), 815-832.

Williams. J. M. G., & Kabat-Zinn, J. 2012 *Mindfulness diverse perspectives on its meaning, origins and applications.* London: Routledge.

山口剛 2012 高校生の英単語学習方略使用と認知的・動機づけ要因の関係：有効性の認

Ⅲ 自己・アイデンティティを超える

知の効果に注目したテストの予想得点における個人差の検討　教育心理学研究, 60 (4), 380-391.

8章
自己形成に内包する死と生

森岡正芳

はじめに

　自己をとらえるにあたってその相がもとより多様であることは，心理学の領域にかぎっても否定できない。心理学の方法の多様化や，意識研究，神経認知科学の進展も大きな要因であろう。また何よりも，心理学が様々な生活場面において生活者への支援にたずさわる実践性が強く問われるようになったという背景も，自己意識の課題に取り組むにあたって無視できない。実践のモメントは研究の対象や方法上の質も問われることになる。心理学における自己意識研究も，名前を持つ個人の一人一人の生きた経験のなかで，私をとらえるという場において，自己の諸相を検討する必要に迫られている。

　本章では，自己形成の過程の基盤にある中心化と脱中心化のダイナミズムに焦点を当てる。この力動が人生において直面する危機状況に，どのように働くのかを個別事例のエピソードをもとに検討してみたい。

1. 自我を物語の中に沈める

　先日，作家村上春樹を主題とするあるシンポジウムに招かれた。「語る力と心理療法」という話題をめぐって多様な議論がなされた。作家は作品の筋書きをどのようにデザインしているのだろうか。

　すでに20年も前に遡るが，村上春樹は河合隼雄との対談の中で，次のようなことを述べている（河合・村上，1996）。作品を書き始めるときに，全体の見取り図があるわけではない。何かのメッセージがあって，それを小説に書くのでもない。

　「自分のなかにどのようなメッセージがあるのかを探すために小説を書いて

いるような気がします。」と，村上はいう。物語を書いている過程で，そのようなメッセージが暗闇の中からふっと浮かび上がってくる。それはまだよくわからない暗号で書かれているとも村上は述べる。

　物語の方が自発的に動き出す。村上は「小説が自分より先に行っている感じがする。今僕自身がそのイメージを追いかけている。」と述べ，その物語とイメージは，作家にとって「何がどういう意味をもつのか自分でもよくわからない。」というのである。作者が作品を一番よくわかっている，知っているとはいえない。

　これは作家の創作上の極意というべき部分であり，作家の自我は中心から離れる。村上は「自我を物語の中に沈める」とも述べている。「物語という文脈を取ると，自己表現しなくていい。物語がかわって表現するから。僕の自我がもしあれば，それを物語に沈めるのですよ。僕の自我がそこに沈んだときに物語がどういう言葉を発するかということが大事なんです」(村上，2010)。

　物語と自我との関係でいえば，主客が逆転している。このようなことは傑出した作家においてのみ可能な，創作上の特殊な事象なのであろうか。自己論のゆくえを探るには，心理学という範囲に限定して検討するにしても，むしろ「自我を物語に沈める」という運動において考えざるを得ない。ここで自己を対象として，実体化し，固定した視点からの分析ではとらえがたい自己の様相が課題になる。

2. 私は私であるが自己意識的でない

　心理学においても，自己・自我の個体化，実体化を乗り越えるために理論の枠組みを柔軟にし，実証の方法を多様化する工夫を行ってきている。自己の複数性そして，プロセス存在，関係存在性についての言及は多い。たとえば，自己 (self) を動名詞化した selving という造語によって，自己の複数性や関係存在性を表現しようとする (Fast, 1998)。タイトルに苦心の跡がうかがわれる。自己は揺らぎやすく，単一と複数の間を揺らめくスペクトラムである。光の当て方で見えてくる部分が異なる。自己論もスペクトラムとしてとらえることが可能だろう。しかし，拙論では「ポストモダン的」な自己論にいきなり飛躍するより，実践で生じている自己の動きを記述し，理論化してきたロジャー

ズ（Rogers, C. R.）やリフトン（Lifton, R. J.）の考え方に注目したい。精緻化された理論よりも，一見素朴に見える彼らの枠組みにこそ，人の生きる場において自己の真実性をとらえ，自己論のゆくえを探る手がかりがあるように思われるからである。

　プロセス存在，関係存在として自己をとらえる先駆者は，ロジャーズであろう。自己のプロセス的様相をとらえるには，臨床的関係性に関わる領域がまず手がかりとなる。ロジャーズはクライエント自身が自己理解を深めていくことを，カウンセリングの目標においた（森岡，2005）。自己の再体制化，自己受容あるいは自己と体験の一致と称される自己理論をセラピーの基盤においた。「かんじんなのは，カウンセラーがクライエントを理解することではなく，クライエントが自分自身を理解することである」とロジャーズは述べている（Rogers, 1951）。このような自己理解について，「自己と体験の一致」を自己理解の到達点としてロジャーズが示したのは周知のとおりである。

　セラピーが終結にむかう頃，クライエントが自己理解を深め，自己と体験が一致しているとき，どのような自己の状態として言明されるのだろう。ロジャーズのクライエントの一人は，「私は私であるが自己意識的でない」と自分の状態を述べている（Rogers, 1951）。これはクライエントがセラピーを通じての自己受容を述べる言葉として，まずとらえることができよう。私を過度に意識せず私でいられるという状態を伝えているものであろう。

　このような場合，クライエントだけでなく，セラピストも自己の感覚が体験的に深まる。

　セラピストが自己に生じる体験の中の触発部をじっくり見ていると，自己の感情にともなう色彩や音調が微妙に変化することが感じ取られるが，そればかりではない。だれかといっしょにいるときの実感の変化は，一つはその感覚がまぎれもなく自分の感じになってくるという変化であり，もう一つは体験を相手と分かち合えるようになっていくという変化である。自己の変化とは，他者の応答によって，自己に実感として感情の動きが生じることである。

　ロジャーズの自己論の基盤は他者との関係の中で，今ここの場で，動き出す自己を感受するという観点から，自己のプロセス化をとらえるものである。

3. 中心化と脱中心化の運動

　ここで自己を概念としてとらえる手前の，体験の意味の生成プロセスに注目してみたい。揺らぐ自己，自分について概念化する手前のところを記述するという課題について，発達の基本的なダイナミズムを押さえておく必要があろう。本章では自己形成を中心化と脱中心化の運動の中でとらえてみたい。これは自己形成論の基本的な枠組みの一つとみなすことができる（Hermans & Kempen, 1993）。エリクソン（Erikson, E. H.）の精神分析的自我発達論から自己形成（formation）パラダイムへと展開したリフトンは，基本的な心理過程として「中心化」（centering）の三つの次元をあげる（Lifton, 1976）。中心化とは，「どの瞬間においても自己によって行われなければならない体験の秩序づけ（ordering of experience）」の働きを指す。自分の身に生じた出来事をとっさにその意味を読み取り，受け取ることを指す。私たちは出来事を意味づけながら自己イメージを維持している。

　リフトンはその働きに以下の三つの次元を設定する。

1) 時間の次元「未来の出会いを予感させうる形で，より古いイメージや形を即時の出会い（immediate encounter）に関連付けること」
2) 空間の次元「身体的な関わりを含む直接の表出（immediate exposure）を離れた（distant）意味と統一すること。個別的な体験を究極的で，不死のもの（immortalizing）へとつなぐこと」
3) 情動の次元「自己の核となる熱のこもった（impassioned）イメージと形と，それほどではなく周辺的なものとを区別すること」

　一方で，「脱中心化（decentering）」とは，「自己が関与していることから，十分な距離をおく心のはたらきである」。自己は脱中心化の能力をもっている度合いに応じてのみ，その中心性を保持することができる。この能力は，新しいタイプの心的体験を可能にする。そして，中心化と脱中心化の運動の中で，自己の核となる領域が形成される。

　脱中心化は中心喪失の可能性がつきまとう。自己からの離脱，新たな体験との出会いはすべて，不安と危険，罪の意識と怒り，内的混沌という感覚を伴っている。そのために，中心化と脱中心化の運動を支える「基礎づけ；グラウン

ディング（grounding）」が設定される。これは，「自己と自己の生物的存在性との関係性ならびに，自己の個人的，集合的な歴史との関係性」であり，成長変化に必要な脱中心化を可能とする。「基礎づけ」は，中心化と脱中心化が健全に緊張状態を保ちながら，存在するために必要である。基礎づけは，体験を培う素地を培う。自己を体験する下地であり，自分が物事の中心にいるという実感，確実感はそこから生じる。

　自己をプロセスとして，変容可能性にあるものとしてとらえるという点について，リフトンによると，自己プロセス（self-process）は中心化と脱中心化の緊張の中にあると考えられる。揺らぎの中にある自己とはまずこの様相である。そして，自己は自身の体験を呼び起こしそこに触れるようになるプロセスそのものといいかえられる。

4．がれきは自己である

　本章で与えられたテーマは死生観と自己である。自己にとっては究極的な課題である。人生が問われ，生きることの意味が問題になる事態に直面するとき，対象に対して，そして自分に対して多くの言葉は通用しない。つまり体験に言葉が追いつかない。私たちは出来事を意味づけながら自己イメージを維持している存在であると述べたが，生死に関わっては，自己イメージを崩さずに意味づけるのはそう簡単ではない。まず不安や恐怖，悲哀を強く引き起こすものである。人が宗教を求めるのもこの強い感情体験がまずあろう。

　一方で，自己論のゆくえを心理学の現代的課題として問い直すとき，生死の問題を外すことはできない。死生観，すなわち「自分はどこから来てどこに行くのだろうか」という問いに関わる考えであり，もとよりこれは人が抱える難問中の難問である。そしてこの問いは，自己形成をその基盤においてとらえる自己の変容可能性に関わる問題でもある。生死を意味づける根拠を自己の中に探し，自己イメージを再構成することがいかにして可能だろうか。

　自己は個人の側と環境や文化との交流の中で双方から定義されている。自己を取り巻く環境の変化は自己形成に強く影響を与える。環境の異変，人生の出来事とくに喪失，失意の中にあるとき，自分の生き方を考え直す人もいる。森岡（2012b）より東日本大震災でのある男性の被災体験者の言葉を一部引用す

III 自己・アイデンティティを超える

る。

「焼け落ちる自宅の前に立ちつくしたとき，それまでの私が一瞬宙に浮いた。微妙な変化を経験した」。この語り手は日常の自己からいったん離れる。自己の脱中心化を引き起こす事態に直面する。「自分を形作っていたものがすべて失われたと悟ったとき，自分とは何か。日頃考えていたことが変わり始めてきた」。

がれきをすっかり取り払われ，「復興」した街の姿を見たときに，被災者は震災直後とは異なった喪失感，空虚感に陥ることが少なくない。「それでも，自分はそこにいるのだと感じていた」。この人にとって，自己はがれきの方にいる。「がれきをじっと見ていると，がれきが自分のなかに溶けていく気がした」。自己の中心化の動きがここにうかがわれる。がれきと自己は切り離せない。がれきと自分を生きた全体として見るという視点を回復することがここで必要なのである。そのために，人は何度も出来事をふりかえり，だれかに語り，書きしるすが，出来事の体験としての意味が本人に把握されるには時間がかかる。次のエピソードを参照しよう。

1985年8月12日，日航ジャンボ機の墜落で520名の命がなくなった。30年たった2015年はとくに，慰霊の節目となる年であった。川上千春さんは，あの日中学生だった。

「部活動を終えて，祖母と夕食を済ますと，テレビに緊急速報が流れた」。両親と2人の妹が事故機に乗っていた。「現地に急ぐ途中，慶子さんの救出を知った」。上の妹が一人助かった。

残された妹の人生を支え，亡くなった両親ともう一人の妹の命を生き抜きたい。「『家を守る』と気負った千春さんも，親の支えがなくなった無力感から進学先の高校を不登校になった」。「『なぜ両親と妹は死に，自分は生きているのか』。悩んだ末，心理学を大学で専攻した」と川上さんはいう。川上さんは「いま在宅介護施設でケアマネージャーを務める。自分は大切な人に寄り添えなかった。だから，余命の少ない患者にはケアより家族との時間を大切にしてもらう」。このような心がけでケアの仕事に取り組んでおられる。

(朝日新聞2015年8月12日朝刊より)

川上さんのこの問いにだれが何を答えられるのか。心理学にその答えは見つかったのだろうか。事故後30年を経て，川上さんは亡くなった父親の年を超えた。かつて両親と遊んだ庭先の桜の下を，自分の子供たちが駆け回る。このような場面に，自分が生きていることの意味を確認されたようだ。個人と個人を超えたものの両方が同時に体験される。リフトンのいう「基礎づけ：グラウンディング」とはこのような時間をかけた自己形成の行路を指す。

どのような否定的な出来事であろうとも，「あなたが経験したことは，この世のどんな力も奪えない」。フランクル（Frankl, 1945-49）はこのように述べる。自己の体験がさらに歴史的社会的に「グラウンディング」されることによって，次の世代へと伝えられる。

5．問いの中の自己

生死をめぐる問い「自分はどこから来てどこに行くのだろうか」。こういう問いが必要になるのは人生において，そう頻繁なことではない。もちろん本章はこの問いに解答を与えるような役割を果たすものではない。生死にかかわる出来事は，日常生活に亀裂を与える。それまで当たり前にあったものが，突如覆される。ここで，カウンセリングでのある面接についてふりかえり，その事例をもとに，死生観と自己に関わる主題を探ることにしたい。なおこの事例は森岡（2012a）にもとづき，今回新たに考察を加えたものである。

[事例]
40歳代前半の女性Aさんは元会社員で，現在失職中であった。私の知り合いの心療内科医から紹介を受けた。はじめにお目にかかったのはX年6月のことであった。

Aさんはその前年の3月末，高速道路を軽自動車で走行中，大型トラックに追突される大事故を経験する。トラックは居眠り運転であった。Aさんが乗っていた車は大破した。命が助かったのは奇跡ともいわれた。はじめに救急車で運ばれた病院では目立った外傷が見つからず，いったん自宅で療養する。後に別の病院で精密検査，腰の骨折と頸椎の損傷がわかる。家族は娘が一人（20歳代前半）。夫とはX－11年前に離婚している。夫は暴力がひどかっ

Ⅲ　自己・アイデンティティを超える

たようである。X－6年夏Aさんは息子を亡くしている。死因は溺死であった。自殺と処理されたが，Aさんは死因には疑問を抱いている。父親70歳代半ば，母親60歳代後半，両親は別居中。母親はAさんの妹の嫁ぎ先の近辺に住んでいる。Aさんにとって実母のイメージは否定的であった。

　交通事故後Aさんは外出への恐怖感や，人に対する警戒が強く，仕事に集中できず，行動に柔軟さを欠くために他者から誤解を受けることが多い。自宅にこもりがちである。

　面接を始めた頃，Aさんは生きている実感のなさをぽつぽつと語られる。
「自分のこの状態をだれかに伝えようとしても，気持ちが伝わっていないようだ。人からはずいぶん気丈で，強い人に見えるらしい。かえって相手の人の身の上話を聞くはめに陥ってしまう。だれかに会うとその人に合わせる。瞬時にそういう自分になる。帰宅すると人が変わる。がらっとだめな，何もできない自分にもどる。物忘れが激しい」。Aさんはこのような訴えを淡々と話す。
「長男の死後，墓参りに毎日行った。千日続けようと思った。こういう結婚をした罪だと自分を責める。どうすれば許してくれるか。千日続けたが，許されはしなかった。布団の上で眠らないようにしている。畳の上でごろんと横になっている。いつでも目が覚めて動けるように，という習慣ができてしまった。長男が死んだときその日はたまたま熟睡した。油断して満たされたときには不吉なことがおこると知った」。
　Aさんは独自のきまりを自分に課し，自らを縛っているように思われた。感情を伝えるのはかなり困難であるようにうかがえる。
　(息子の)7回忌は結局何もしなかった。自分のことになるとまったくパワーが出ない。息子が亡くなった後，「それで脳細胞が固まってしまっている」とおっしゃる。「息子が亡くなっているのに，楽しんだり，快く笑ったりしてはいけないと思っています。病気で死んだというのとはちがうんです。まだその事実を直視しようとしていない。自分を駆り立てるようにして仕事を作って，追い立ててきた」。Aさんはこのように息子の死に関わる罪悪感を述べられる。少しずつ息子の死に関わる話題が交わされるようになった。
　自分をいつも追い立てている。安心するとどんでん返しがおこると思う。隙

を作らないように，いつもかまえている。まだ（息子が死んだ）現場には行けていないんです。でも事実として何があったかほんとうは知りたい。残された家族がどうやって死んだのかを知りたいというのは当然のことです。

「安心が続くと，どんでん返しというのは」と私がたずねると，息子が一流会社に内定したことで，それまでの苦難がこれで報われたと思ってしまった。楽すると次に決まって不幸が，だめなものがやってくる。そんな気がしてしかたない。亡くなったのはその直後の出来事で，まだ学生証や何かおいたままであるとおっしゃる。「私はその時点から生きていない。私は今日か今にしか，生きていない。かつてと先がつながらない。息子の名前を呼ぶだけでも，身がすくむのです」。このように息子さんの予期せぬ死から6年を過ぎた今も，心はけっしておさまらない。だから感じないようにしているとおっしゃる。

十数回の面接を経て，Aさんは，自分が育った家族のことを少しずつ語りだされた。並行して，自分自身に課した縛りに焦点が当たってくる。

病院でも，「患者優等生」になって突っ走っている。自分ではコントロールできない。だれかに止めてもらいたい。自分でコントロールできたらここには来ていないですね。以前には精神科にも行ったことがある。「息子を亡くされたふつうのお母さんになること」ができていないといわれる。

Aさんは一方でしっかり者の私があるが他方，無力な私がある。この二つの面をつなぐのは何か，弱々しい私としっかりした私をつなぐものは何かというテーマにとりくまれる。

「自分の母親との関係もあるんです」とAさんは語り始めた。弱い私はとてもだれにも見せられない。「痛いといえない私」がある。それをずっと抱えているのは，根っこに母親との関係がある。母は，私が生後半年の頃，私を祖母に預けて，単身B市に出てきた。子どもよりも父親をとった。「母性」のない人。父親も頼りない。姉妹の叔母たちに囲まれ，わがままに育った。散財してきた人だ。

さらにある回でAさんは，ご自分の結婚のことと，夫の暴力について生々しく語られる。「首を絞められるところまでいった。その暴力を母にもいえなかった。母はむしろ別れることを止めてきた。元夫は人前ではまじめで，いい

III 自己・アイデンティティを超える

顔するんです。向こうの親族も『口のたつ女』とこちらを逆に責めてくる。結局，私が悪いとされてしまう。夫と別れ，息子が高校卒業するまでの6年間が一応平穏な3人の生活だった」。

息子さんの不慮の事故について，直前まで一緒にいた息子の女友達とのことも，重ねて話された。「息子はなぜあんな女の子にひっかかったか。これも私たち夫婦の問題が背景にあると感じる。警察では死因は溺死で自殺とみたが，いっしょにいた女の子は同級生に自分の都合の良いように口裏を合わせていた」。Aさんはこのように怒りと理不尽な思いを込めて話される。

その後，面接の中で語られたAさんの家族イメージが少しずつ，変わっていく。とくに自分が生まれ育った故郷への思いと，祖父とのつながりをよみがえらせる。「B市はもう自分の故郷ではない。でも祖父がいた町。私に愛情をかけてくれた人だった。養子にはいった人で，その当時，叔母たちが家にいた。毎日をさらりと過ごしていた。町の生霊流しなどの行事にお金をかけるような人であった。お祖父ちゃん，イチジクをいっぱい作って毎年くれたね」とAさんはまるで祖父がそばにいるかのように，語り出した。その中で印象に残ったのは，Aさんが祖父にお墓参りの仕方を教わったという話であった。

面接が20回を過ぎた頃，もう一度母への思いを次のように語った。「母には何もしてもらえなかった。体の弱かった妹には良い肉を，私にはがまん。ほしいといえなかった」。「もしそれをいうと」と私は問いかけた。Aさんは黙ってしばらくいた。「そのほしいと叫ぶ声，自分の中の子どもが押し殺されているのですね」。「その代わりに，自分の中に親・保護者を自力で作ってきた。だからかえって他人は私に甘え頼ってくるんですね」。Aさんは涙される。

「こうやって話していくといろんなことがはっきりしてきた。幼い頃，自分はもっとおっとりしていたように思う。成績もスポーツも中の上。親には育てやすい子だっただろう。目立ったこともない。だれかに負けたくないというよりも，自分に負けたくないのです」。

自分を大切にするというと大げさだけれど，これが自分なのかもとAさんはいいかえられる。Aさんからはその後も，ときどき連絡がはいり，娘の結婚のことなどに追われつつ，生活を取り戻していかれたようすである。大学の

通信教育に学び，福祉関連の資格をめざしているようすである。

6．中心化－脱中心化による自己の回復

　カウンセリングの場は，被害，被災の緊急支援の場を除いては，生死に関わる問いがなされ，それを直接解決するという場では必ずしもない。この問いが現実的なものとして扱われ，苦闘されるというよりもさらに錯綜している。カウンセリングルームでは，来談者は，何らかの危機において相談に来られる。危機は必ずしも顕在化しているものばかりではない。顕在的な主訴の背景にあって，生死にまつわる課題が潜伏していることもある。

　Ａさんは自らの生死の際を分かつような交通事故の記憶についてはかなり冷静に，客観的に述べることができた。長男の死の方が時間的にさかのぼるが，その出来事は「過去のもの」とはなっていない。この出来事はＡさんの生活史の中に位置づけることができていないようすであった。Ａさんは自分の生活史について，記憶がつながらない欠落部分がある。それを埋めるかのように，息子の不慮の出来事に対して自分を責めつづける。理不尽なストーリーを作っていた。もちろんそのストーリーはＡさんにとって息子とのつながりを意味づける作業でもある。親が，亡くなった息子に向かって，「なぜ」を問い続けるのは自然なことである。Ａさんは生きている人は故人との内的な対話をずっと続けている。面接の中で，過去は現在として在り，死者との語らいを始めているかのようである。

　リフトンによると，中心化とは「どの瞬間においても自己によって行われなければならない体験の秩序づけ，体験の構成」を指す。これは自分の身に生じた出来事を，とっさにその意味を読み取り，受け取ることである。私たちは出来事を意味づけながら自己イメージを維持している。

　ところが，重病，事故，失恋などの危機において，人は否応なくそれまでの自分が否定されるような体験をもつ。Ａさんの場合，意味構成の中心化はなしえないような重大な出来事を二重に抱える。リフトンのいう中心化の三つの次元とそれを支える基礎が揺らぐ。「私はその時点から生きていない。私は今日か今にしか，生きていない。かつてと先がつながらない」。このように息子さんの死後，自分の人生をＡさんは生きていないと語るのである。中心化に

III 自己・アイデンティティを超える

よって,「未来の出会いを予感させうる形で,より古いイメージや形を即時の出会いに関連づける」ことができる (Lifton, 1976)。現在における過去とのつながりによって未来を見通せる。時間が流れる。Aさんの場合,そのような中心化は困難な状態であった。

Aさんが自らに課した「千日の墓参り」は,自分たちの夫婦生活の犠牲を強いたという息子への自責の念からくるものであった。しかし「許されはしなかった」とAさんは語る。中心化の空間の次元は,たとえば,弔いという個人を超えたものとのつながりの中で,個別的な出来事の意味を確認することであるが,それが成り立たない状態であった。Aさんは交通事故の後遺症と苦闘しつつも,その苦しみやつらさを人に伝えることがかなわない。病院でも,「患者優等生」になって痛いといえない自分があるとおっしゃる。

カウンセリング面接経過の中で,「自己が関与していることから,十分な距離をおく」心の作業,すなわち脱中心化を徐々に進めていったように思われる。とくにAさんの家族イメージが少しずつ,変わっていく。Aさんの語りの中で,徐々に登場してくる家族の姿とその関係の中で語られる自己の側面に注目したい。面接を重ねるうちに,母親との関係で妹と比べられ我慢させられてきた私,元夫との関係で暴力的で逃げ出したが,周囲に理不尽に責められる私があらわれる。その出来事はもちろん否定的な感情を強く帯びていた。しかしカウンセリング面接で会話空間が広がることによって,そこに一つ一つの出来事をおき,その意味を少しずつ確かめるような作業が進められたと思われる。

「こうやって話していくといろんなことがはっきりしてきた。幼い頃,自分はもっとおっとりしていたように思う。成績もスポーツも中の上。親には育てやすい子だっただろう」。Aさんは一連の面接の最後の方でこのように語る。カウンセリング面接の中で「自分がはっきりしてくる」とおっしゃるクライエントは少なくない。

中心化-脱中心化の運動は情動の次元では,「自己の核となる感情のこもったイメージや形態と周辺的なものとを区別する」という心の作業である (Lifton, 1976)。「自分のこの状態をだれかに伝えようとしても,気持ちが伝わっていないようだ」。このように面接の初期の頃,Aさんは感情を表現できない、抑えてしまうことを訴えられた。面接の会話関係が情動の次元の中心化を育むよう

である。率直に自分の気持ちが言葉になっていく。「自分がはっきりしてくる」という情動体験が自己の変化を生む。一方で，自己と情動は双方向的な関係をもつ（Hermans & Hermans-Konopka, 2010）。自己が情動を変容させていく側面もある。

　Aさんは，一方でしっかり者の私があるが他方，無力な私があるという。この二つの面をつなぐのは何か，弱々しい私としっかりした私をつなぐものは何かということが，面接の途上で課題となった。ここでAさんは自分の母親との関係について直面するようになる。「そのほしいと叫ぶ声，自分の中の子どもが押し殺されているのですね」という自己の見えていなかった側面に気づく。

　このように，自己と情動の双方向的なやりとりを通して，自己の核となる領域が形成される。このような作業は一方で，それまでの自己を手放し，次のステップへ向かう契機でもある。

7. 実践の中で自己を使う

　中心化-脱中心化運動はカウンセラーの側でも生じている。面接の中でのカウンセラーは，自己を手放すという在り方に近い。ロジャーズは，クライエントの話を聴くときに，カウンセラーは自らの「私を排除する」という基本運動を述べている（Rogers, 1951）。

　カウンセラーは面接中に自己をどのように使っているのだろうか。自己の使用とはいいかえると実践の場に関わる専門家の側の主観性を吟味し，その実践の場に活かすということである。

　ブルーナー（Bruner, J. S.）は，心理学が実践に関心を向けるとき，実践行為の文脈（contexts of practices）が問題となることを指摘する。「人がその文脈で何をしているか，何をしようとしているか」が問われる（Bruner, 1990）。そして行為の中に，企ての中に，自己は配分される（distributed）ととらえられる。自己がその中で与えられ，構成されるということである。このプロセスは実践の場で参与者，援助者自身の「自己」を使うという形で，活かされる。

　広島での被爆者たちへの聞き取り調査研究は，リフトン自身の研究方法を立てる基盤となったようだ。それは研究者自身の主観性を磨き上げ，記述に積極

的に使っていくという観点である（Lifton, 1976）。「私はその研究が始まったばかりの早い段階で，自分自身の内部で進行していたあるプロセスを観察し始めた」「私は，専門的な観察者が置かれている個人的位置，あるいは心理＝歴史的な場を定義することの重要性が分かるようになってきた」。そのためにリフトンは観察者の個人的な覚書や夢の記録を活用する。

このような研究を通して，リフトンは，次のような発見に到達する。自己はあらゆる瞬間において，直近の事柄（proximate matters）と究極的な事柄（ultimate matters）との両方に，同時に関わっているということの発見である。

むすびに

死の感覚は，自己形成のプロセスに内包されているのではないか。リフトンは中国の文化大革命や広島の被爆者たちのサバイバー，ベトナム戦争の退役軍人たちへのインタビューを行い，「極限状況」に立ち至った人々の変容可能性について研究を行った。死との出会いという試練と，それに伴う活力の喪失あるいは再生という両義的可能性について検討している。その作業の中でリフトンがとらえたのは，サバイバーたちが死を生と切り離さずに象徴化する道筋であった。「人間存在のあらゆる重要な段階には，何らかの形での，死の内的感覚が含まれている」（Lifton, 1976）。

このような意味で，出来事を意味づけ自己イメージを修正しながら再構成していく自己の形成プロセスにおいて，「死」は組み込まれている。自分が主体であるという感覚がいったん脆くなるほど，共感性が増すという逆説的な事態がある。他者が近くなる。共にいることに伴う率直な感情は，自己が退いたときに現れる。

冒頭に作家の脱我的な自己体験について引用したが，これはセラピストたちの面接中の特別な注意の在り方に関係するのみならず，人が生活の中で体験する創造的な瞬間とも相通じるものがある。「自分を忘れるという形で現れる」自己があり，それが自己の真実性の根拠となるということである。

文献

Bruner, J. S. 1990 *Acts of meaning*. London: Harvard University Press.［岡本夏木・仲渡一美・吉村啓子訳　1999　意味の復権　ミネルヴァ書房］

Fast, I. 1998 *Selving: A relational theory of self organization*. London: Routledge.

Frankl, V. E. 1945-1949 *Trotzdem Ja Zum Leben Sagen: Ein Psychologe Erlebt das Konzentrationslager*. München: Kösel Verlag.［池田香代子訳　2002　夜と霧　みすず書房］

Hermans, H. J. M., & Kempen, H. J. G. 1993 *The dialogical self: Meaning as movement*. San Diego, CA.: Academic Press.［溝上慎一・森岡正芳・水間玲子訳　2006　対話的自己　新曜社］

Hermans, H. J. M., & Hermans-Konopka, A. 2010 *Dialogical self theory*. New York: Cambridge University Press.

河合隼雄・村上春樹　1996　村上春樹，河合隼雄に会いに行く　岩波書店

Lifton, R. J. 1976 *The life of the self: Toward a new psychology*. New York: A Touchstone Book.［渡辺牧・水野節夫訳　1989　現代，死にふれて生きる：精神分析から自己形成パラダイムへ　有信堂］

森岡正芳　2005　変化の理論の中の自己：意味行為の主体について　梶田叡一（編）　自己意識研究の現在2　ナカニシヤ出版　pp. 35-51.

森岡正芳　2012a　リメンバリング：喪失と回復の物語　精神療法，38-1，40-45.

森岡正芳　2012b　希望を生む協働　山中康裕・中島登代子・森岡正芳・前林清和（編）　揺れるたましいの深層：こころとからだの臨床学　創元社　pp. 43-56.

村上春樹　2010　夢を見るために毎朝僕は目覚めるのです　文藝春秋

Rogers, C. R. 1951 *Client centered therapy*. Boston: Mifflin.［友田不二男編訳　1966　ロージァズ全集3巻　サイコセラピー（原著のpart I）岩崎学術出版社］

9章
内と外を超える 多文化共生社会における自己

佐藤 德

　ホッブズ（Hobbes, T.）によると，生物一般の生命活動の根元は自己保存の本能である。人間にはそれに加えて将来を予見するという固有の能力がある。人は将来の自己保存のために常に他人より優位に立とうとする。しかし，その優位は相対的なものでしかなく際限がない。また，自己保存のために必要な資源も限られている。かくして，人はその限られた資源を将来の自己保存のために争うことになる。個人の実力には決定的な差はなく，この争いには際限がない。人間の自然状態は「万人の万人に対する闘争」である。ホッブズによれば，全ての人間が自由で平等な自己保存の権利を行使すると「万人の万人に対する闘争」を招いてしまう。したがって，この混乱状態を回避するには，各自の自然権を制限し，それをコモンウェルスに委ねる必要があるというのが，ホッブズの社会契約論の概要である。

　ホッブズは人間が利己的な生き物であるという前提で論を進める。それに対して，ヒューム（Hume, D.）は，人は，利己的というよりもむしろ共感的であるが，この共感（sympathy）に偏りがあるのが問題ではないかとしている。ヒュームによると，この共感の偏りをもたらすのが，類似性，近接性，因果性である。共感は，自分と他者との間の類似性が大きいほどよく働くし，同じ他者の感情であっても，その人が遠くにいる場合よりも近くにいる場合の方が伝わりやすい。また，我が子のように血縁関係（因果性の一種）のある者に対して強く働く。

　ヒュームが言うように，人は誰に対しても共感（empathy）するわけでも共感的配慮（empathic concern）や思いやり（compassion）を示すわけではない。ここで共感とは感情の共有のことであり，他人の苦しみを見て，自分も同

じように苦しみを感じるのが共感である。それに対し、共感的配慮は、かわいそうだといった、苦しんでいる相手に対する同情や配慮の感情である。援助行動などの向社会的行動を生み出すのは、共感ではなく、この共感的配慮である (Batson, 1991, 2011)。視点取得（相手の立場に立って考えること）は共感的配慮を高めるが、視点取得なしでも共感的配慮に基づいて援助行動を行うことは可能である (Batson, 2011)。他方、思いやりは他人の苦しみを和らげたいという強い思いを伴う他人の苦しみや悲しみへの気遣いである。思いやりは他人の感情的、身体的苦しみによって誘発され、苦しんでいる人を助けたり、世話したり、慰めたりといった利他的行動を引き起こす (Stellar & Keltner, 2014)。思いやりと共感的配慮はほぼ同一の概念であり、両者ともに他人の「ための」他者志向的感情である。この点が自己志向的な共感やそれによる共感的苦悩と大きく異なる点である。本章では、まず、共感や共感的配慮の偏りに関する研究を紹介し、次にこの偏りをどのように克服できるかについて考察する。

1. 共感の偏り

(1) 共感の認知神経科学から

注射や電気ショックを受けると身体的な痛みを感じる。身体的な痛みには不快感などの情動成分と痛みの強さや質などの感覚成分があり、前者には前部帯状皮質や前部島皮質、後者には一次、二次の体性感覚野が関わっている (Hofbauer et al., 2001；Rainville et al., 1997)。他人から仲間外れにされるといった心理的な痛みに対しても痛みの回路は反応する (e.g., Eisenberger, Lieberman, & Williams, 2003；Kross et al., 2011)。一般的には心理的な痛みでは前部帯状皮質や前部島皮質の活動は見られるが、体性感覚野の活動は見られない。しかし、失恋という強い心理的な痛み経験では、身体的な痛み同様に二次体性感覚野の活動が見られるようである (Kross et al., 2011)。痛み回路は、恋人が注射や電気ショックを受けるのを見る場合にも、少なくとも情動成分に関わる回路は、その活動が観察される (Singer et al., 2004)。

その後の研究は共感が誰に対しても同様に示されるものではないことを示している。たとえば、シンガーら (Singer et al., 2006) では、実験参加者は、二

III 自己・アイデンティティを超える

人のサクラと信頼ゲームをした後に,それぞれのサクラが痛み刺激を与えられるのを観察し,その際の脳活動が計測されている。この研究では実験参加者は常に先手であり,サクラが常に後手である。先手は,相手を信頼してポイント(後で換金される)を預けるか,信頼せずにポイントを手元に置くかを選択することができる。ポイントを預けるとそのポイントは三倍になる。それを受けて,後手のサクラはポイントを選んで先手に報いることになる。このポイントも三倍になる。一方のサクラは多くのポイントを返す公平なサクラであり,他方のサクラはあまりポイントを返さない不公平なサクラである。さて,男女ともに公平なサクラが痛み刺激を受けるのを観察する場合には前部帯状皮質や前部島皮質の活動が観察される。問題は不公平なサクラが痛み刺激を受けるのを観察するときである。男性の実験参加者では前部帯状皮質や前部島皮質の共感的な脳活動が見られなくなり,むしろ,「他人の不幸は蜜の味」といわんばかりに脳内報酬系の活動が見られるようになる。そして,この活動は相手に報復したいという強い思いと相関していた。

　同様な結果は,野球のレッドソックスファンとヤンキースファン,サッカーのマンチェスターユナイテッドファンとマンチェスターシティファンなど,内集団と外集団の間でも見られている (e.g., Cikara, Botvinick, & Fiske, 2011; Hein et al., 2010)。つまり,内集団成員の苦しみの観察には前部帯状皮質や前部島皮質の活動が,外集団成員の苦しみの観察には脳内報酬系の活動が観察されている。たとえば,マンチェスターのライバルチームのファンを対象とした研究では,最初のセッションで,実験参加者自身が電気ショックを受けるか,内集団成員や外集団成員が電気ショックを受けるのを観察する (Hein et al., 2010)。そのうえで,次のセッションでは,参加者自身は電気ショックを受けず,内集団成員や外集団成員が電気ショックを受けるのを観察するのであるが,その際,実験参加者に,相手の代わりに痛みの半分を自分が受けて相手の痛みの強さを半分にするか,他人が痛みを受けている間にサッカーのビデオを見るか,はたまた相手が痛みに苦しむのを見るか選択させている。援助行動は有意に内集団成員に対して多く選択されており,逆に,外集団成員に対しては有意に多く苦しんでいるのを見るという選択がなされていた。ビデオ鑑賞に関しては内集団成員と外集団成員の間に有意な差が見られなかった。最初のセッショ

ンでの前部島皮質の活動は内集団成員に対して外集団成員よりも高く，また，外集団に比較して内集団成員に対して前部島皮質が活動した人ほど，次のセッションで外集団成員ではなく内集団成員を自らのコストをかけてでも助けていた。また，外集団成員に対する印象がネガティブなほど，最初のセッションで外集団成員がショックを受けるのを観察する際に報酬系が活動しており，報酬系が活動するほど，次のセッションで外集団成員を援助しなかった。人種間でも同様である（e.g., Avenanti, Sirigu, & Aglioti, 2010；Azevedo et al., 2013）。外集団成員に対しては共感的な自律系反応が生じにくく，特に潜在的な人種バイアスが強い人でその傾向が強い。また，潜在的な人種バイアスが強い人ほど，外集団成員の痛み観察時よりも内集団成員の痛み観察時に前部島皮質が活動する。

以上のように，共感の認知神経科学研究を見るだけでも，その偏りが繰り返し報告されている。思いやりも同様である。どうしても，近親者や内集団成員が優先される。身体的な痛みを超えて，災害で家を失った，家族を亡くしたといったような，相手の感情的な苦悩を思いやるには，相手の立場に立って相手の心的状態を推測する必要がある（視点取得による共感的配慮）。そのような場合，内側前頭前野や後部帯状皮質といった大脳皮質正中内側部構造が活動するのだが，これらの部位は外集団成員よりも内集団成員に対してより活動し，特に内集団にアイデンティティを持っている人ほどこうした内集団バイアスが強い（Mathur, Harada, & Chiao, 2012）。社会的アイデンティティは厄介である。一般的に外集団成員に対してはまるで人間ではないとばかりに人間らしい感情が帰属されにくいが（後述），そもそも心的状態の帰属に関わる脳システムが活動しないのである。同様な結果は，敵意的な女性蔑視の強い男性が女性の水着写真を見た場合にも報告されている（Cikara, Eberhardt, & Fiske, 2011）。

(2) アタッチメントの排他性：オキシトシンの暗黒面

交尾相手と一夫一婦制のつがいを形成する哺乳類は5％にも満たず，多くは乱婚制を取っている。プレイリーハタネズミは一夫一婦制を取る珍しいネズミである。このプレイリーハタネズミと乱婚制を示すサンガクハタネズミを比べると，両者には側坐核や前辺縁皮質のバソプレッシン受容体やオキシトシン

受容体の分布に大きな違いが見られる（Insel & Young, 2001）。パートナーと交尾した後に，ハタネズミにその交尾相手がいる部屋と知らない別のハタネズミがいる部屋を自由に行き来できるようにすると，プレイリーハタネズミは多くの時間を交尾相手と過ごすのに対し，サンガクハタネズミは交尾相手への選好を示さず，むしろ，誰もいない部屋に一人でいるのを好む。プレイリーハタネズミにオキシトシンやバソプレッシンを中枢投与するとこうした選好傾向はより顕著になるが，逆に，側坐核や前辺縁皮質にオキシトシン受容体拮抗薬を投与するともはやパートナー選好が見られなくなる。なお，拮抗薬は交尾行動自体には何の影響も与えない。こうした数々の研究によって，当初は，子宮収縮ホルモンや乳汁射出ホルモン（オキシトシン），抗利尿ホルモンや血圧上昇ホルモン（バソプレッシン）として知られていたオキシトシンやバソプレッシンが，アタッチメント形成に関わるホルモンとして一躍有名になった。

　ヒトを対象とした研究も数多く存在する。妊娠してから分娩前後まで母親の血漿中のオキシトシンレベルは安定しているが，このレベルが高いほど，出産後に，乳児を見つめたり，声をかけたり，愛情を持って触れたりする（Feldman et al., 2007）。また，三か月時や九か月時の母子間の感情の同期は，二歳時，四歳時，六歳時のその子の自己制御能力，二歳時点での内的状態に関する単語の使用，二歳時，四歳時の知能指数，思春期での共感能力などを予測することが知られているが（Feldman, 2007；Feldman, Greenbaum, & Yirmiya, 1999），四か月から六か月の乳児と遊ぶ父母の血漿中のオキシトシンを測定すると，乳児との感情の同期が高い父母ほど血漿中のオキシトシンレベルが高いようである（Feldman, Gordon, & Zagoory-Sharon, 2011）。自己制御も感情制御も本来はあいだにあるものが内化したものであるが，このあいだのありようをオキシトシンは調整するのである。オキシトシンは育児行動に影響を及ぼすのみならず，育児行動によって（乳児に身体接触をより行う父母に限られるが）オキシトシンが分泌されもする（Feldman et al., 2010）。オキシトシンは，授乳時に分泌が増え（Dawood et al., 1981），母乳で育てる母親の方がミルクで育てる母親よりオキシトシンのレベルが高い（Grewen, Davenport, & Light, 2010）。

　オキシトシンを投与した研究も数多く存在する。最も有名なものは，オキシトシンが信頼を増大させるというものである（Kosfeld et al., 2005）。これはす

でに述べた信頼ゲームを用いたものであり，オキシトシン群ではプラセボ群に比べてより多くの額を預けていた。この手の課題では，相手に巨額の投資をしたからといって返ってくる保証はない。不確実である。したがって，上記の結果だけを見れば，オキシトシンの投与によってリスク回避傾向全般が低下したのだと解釈することもできる。もしリスク回避傾向が低下したのだとすれば，後手が意志決定するのではなく，どの程度の額が戻ってくるかはランダムに決められていると知らされている場合でも，同じようにより多くの額を預けるというリスクのある選択をするだろう。しかし，実際はそんなことはない。プラセボ群と同程度の額しか預けなくなる。かくして，リスク回避傾向全般が低下したわけではない。この研究では，後手にもオキシトシン投与を行っているが，オキシトシン群とプラセボ群で返す額に差はなかった。この研究では先手は後手の選択結果についてのフィードバックを受けていないが，フィードバックを受けて先手の選択はどのように変わるかを検討した研究も存在する (Baumgartner et al., 2008)。その研究によると，プラセボ群では何度か信頼が裏切られるとあまり投資しなくなるのに対して，オキシトシン群では裏切られた後でも投資額に変化はない。すなわち，オキシトシン群では裏切られても信頼し続けるのであるが，これはオキシトシン群での，フィードバックに対する，脅威評価に関わる部位（扁桃体や中脳領域）やフィードバックに対する行動適応に関わる部位（尾状核）の活動低下と関連するようである。

　しかし，オキシトシンを投与すると誰もが相手をより信頼するようになるかというとそうではない。たとえば，バルツら (Bartz et al., 2011) は，対人関係，自己像，感情などが不安定で，物質乱用，無茶食いなどの衝動的な行動も多く見られる境界性人格障害（BPD）患者を対象に，囚人のジレンマゲームの一種を用いてオキシトシン投与の効果を検討している。このゲームでは双方ともに協力すれば，最も多い額（6ドル）をもらえるが，自分が協力しても相手が裏切れば自分は何も得られず，相手を信頼できなければ，協力するより裏切った方がまだましな構造になっている。両方とも裏切った場合でも少ないながらお金（2ドル）はもらえるからである。相手が協力して自分が裏切った場合には4ドルももらえる。さて，結果であるが，BPD患者では，オキシトシン投与されると相手を信じるどころか，プラセボを投与された場合よりもより

III 自己・アイデンティティを超える

相手が裏切るだろうと予測するようになる。そればかりか，相手が協力すると知っている場合でさえ，自らは裏切りを選択するようになる。オキシトシンはBPD患者では信頼を高めるようには機能せず，むしろ，もともとの社会的な脅威に対する鋭敏性を高め，外部への防衛的な反応を高めるように機能してしまうのである。

オキシトシンにはストレス調整機能もある。ストレス状況下では，扁桃体での脅威評価を受けて視床下部から副腎皮質刺激ホルモン放出ホルモン（CRH）が分泌され，CRHを受けて下垂体前葉から副腎皮質刺激ホルモン（ACTH），ACTHを受けて副腎皮質から副腎皮質ホルモン，すなわち，コルチゾールが分泌されることになる。授乳中の母親では，ストレスに対する，この視床下部 - 下垂体 - 副腎皮質軸（HPA軸）の反応が抑制される（Altemus et al., 1995）。母乳で育てる母親は血漿中のオキシトシンのレベルが高く，授乳中にはオキシトシンが分泌されることはすでに述べた通りである。授乳すればするほど，ストレスに対する自律神経系の反応が，交感神経系優位なものから副交感神経系優位なものにシフトするという報告もある（Mezzacappa, Kelsey, & Katkin, 2005）。7歳から12歳の女の子を対象とした研究もある（Seltzer, Ziegler, & Pollak, 2010）。その研究では，時間制限がある中でみんなの前で話をするといったストレスを与えられた後に，お母さんと再会できる条件，お母さんと電話で話せる条件，お母さんと接触を持てない条件に，女の子が割り当てられている。もちろん，直接お母さんに会って身体接触できた女の子はオキシトシンの分泌も高く，コルチゾールもすぐにベースラインに復帰する。しかし，お母さんの声を聴くだけでもオキシトシンは分泌され，何もないよりはコルチゾールのベースラインへの復帰も早い。扁桃体は，視床下部を通じてHPA軸，交感神経系双方を起動するが，オキシトシン投与は脅威刺激に対する扁桃体の活動を低下させることが知られている（Kirsch et al., 2005；Petrovic et al., 2008）。

オキシトシンは社会的な刺激を際立たせる。オキシトシン投与によって目をよく見るようになるし（Guastella, Mitchell, & Dadds, 2008），目を見てその感情を判断する課題も特に難しい課題で成績が向上する（Domes et al., 2007）。自閉症者は自発的に相手の目を見ないことはよく知られたことであり，オキシ

トシン投与は自閉症スペクトラムの青年でも上記の感情判断課題を改善させる（Guastella et al., 2010）。オキシトシン受容体の遺伝子多型は，上記の感情判断課題の正確さや共感的配慮の個人差にも関わっている（Rodrigues et al., 2009）。

　しかし，これらはオキシトシンの効果のあくまで一面である。すでに述べたように，確かに，オキシトシンは信頼感を高める。しかし，それは内集団成員に限ってである。ライバル関係にある外集団成員に対しては，むしろ，その脅威に対する防衛的な攻撃性を高める（De Dreu et al., 2010）。また，すでに述べたように，共感的な脳活動は内集団成員に対してより示されるが，オキシトシン投与はこの内集団バイアスをさらに強めもする（Sheng et al., 2013）。外集団の苦しみに対しては，他人の不幸は蜜の味とばかりに脳内報酬系の活動が見られることについてもすでに紹介した。他者との競争条件でオキシトシンを投与すると他人への妬み感情や他人の不幸を喜ぶ気持ち（シャーデンフロイデ）が増加することから（Shamay-Tsoory et al., 2009），オキシトシンは外集団成員に対する妬み感情やシャーデンフロイデをさらに増加させる可能性もある。さらに，感情の中には，快楽や痛みのように他の動物も体験すると一般的に思われている感情もあれば，恥じらいや希望のようにヒト特有の感情だと思われているものもある。内集団成員が外集団成員より人間的だと思われているのであれば，内集団成員の方がよりヒト特有の感情を体験すると判断されるだろう。残念ながら実際にそう判断されるのだが，オキシトシンはこの内集団ひいきをもさらに強めてしまう（De Dreu et al., 2011）。オキシトシンは愛情ホルモンと俗に呼ばれもする。確かに，オキシトシンによって内集団に対する愛情は強められる。オキシトシンは，内集団成員への信頼，協力，共感，集団規範への同調を高めもする。しかし，と同時に，オキシトシンは内集団への愛情を高めることで集団間の差別も引き起こすことになる。不公平な対応を受けた外集団成員は，それに対して防衛的な反応をせざるを得ないだろう。連鎖は連鎖を生む。かくして，オキシトシンは集団間の緊張や葛藤を高めもすることを忘れてはならない。

(3) 共感や思いやりの進化的起源

なぜ，共感や思いやりには偏りがあるのだろうか？　それを考えるには，共感や思いやりの進化的起源を考える必要があるだろう。まず，考えられるのは，養育行動である。子孫が繁殖期を迎えるまでその世話をする。そのために，共感や思いやりが進化したのではないかという説である。特に，発達が未熟な，いわゆる「生理的早産」の状態で生まれてくるヒトの場合，養育者の世話がなければ赤ちゃんは生きていけない。養育者が，赤ちゃんが表情や動作や声で示す苦しみを敏感に察知し，その苦しみを和らげることが，赤ちゃんが生きていく上で非常に重要である。思いやりは真っ先に我が子に対して示される。このことを如実に示すのが，援助行動である。火事で燃えている家に飛び込んで人を救助するといった状況を考えてみよう。誰を助けるかは，援助にどれくらいコストがかかるかによって変わってくる（e.g., Burnstein, Crandall, & Kitayama, 1994 ; Stewart-Williams, 2007）。援助のコストが高くないときは，近親者より友人を助けるが，自らの命が関わるようなコストが高いときは，友人より近親者（より遺伝子を共有し若くて繁殖力がある近親者）を助ける。自らの命は失われるかもしれない。したがって，自らの適応度（その個体が生涯に残す子どもの数の期待値）は低下する。しかし，遺伝子を共有する血縁個体を助けることでその個体がより多くの子孫を残すのであれば，包括適応度（自身の適応度に遺伝子を共有する血縁個体の適応度を加えた値）は高くなる（Hamilton, 1964 ; Maynard Smith, 1964）。援助行動のような利他的行動は，かくして，まずは近親者に対して示される。思いやりにおいても血の影響は濃いのであるが，しかし，誰と血が繋がっているかは，一般的に（DNA鑑定をしない限り），自身が妊娠し出産する母親以外には不確かである。近親者であれば，外見が似ていたり，態度が似ていたりするだろう。類似性は近親者を見分ける手がかりにもなる。

思いやりは，まずは，近親者に対する世話を促進するために進化し，集団の成員同士の協力行動を促進するように近親者以外の者にまで拡大されたのだろう。トマセロら（Tomasello et al., 2012）は，2つの進化的なステップを経て，ヒトの協力行動は進化したとしている。まずは，他人との協力関係がなければ生きていけないような生態系の変化が起きた。個人は互いに依存し合うように

なり、互いが互いの幸福に直接の関心を抱くようになった。共生的な協働関係の中では、一緒に目的を達成していくには相手がその役割を果たすことが不可欠であり、相手に困ったことがあったら相手を助けることが自分の利益にもなる。また、相互依存的な社会では、人の生存と繁殖は他人が自分をパートナーとして選んでくれるかに依存する。パートナーとして選ばれるには、よい協力相手であることが重要である。パートナーと協力して食物を得たにもかかわらず、その食物を独り占めするようでは、次にはもうパートナーとして選ばれなくなるだろう。こうした社会では、相手をお互いに助け合い、協働作業の成果を公平に分け合い、お互いがお互いにとってよいパートナーであることに責任を感じることが大切になる。

　集団規模も小さく、全員が顔見知りであるような社会では、相手とのこれまでの経験をふまえて協力行動のパートナーを選択することができた。持ちつ持たれつの互恵的な関係は長期的にはお互いにとってメリットがあるが、相手が、返さない、あるいは、返す気がないのだとすれば、話は別である。そのような相手に協力し続けるとすれば、自らの適応度が下がってしまい、そうした利他的な個体は、子孫を残せず、やがて全滅してしまうことにもなる。そうならないためには、お返しをしない個体を記憶し、そうした個体を利他的行動の対象から排除する必要があるが[注1]（Trivers, 1971）、全員が顔見知りの社会ではその特定も容易である。しかし、集団内の人口が増加し、また、同じ地理的領域内で資源をめぐって他の集団と競合するようになると、状況が一変する。集団の規模も大きくなると、その成員は必ずしも顔見知りばかりではなくなる。他の集団の脅威を前に、必ずしも個人的な関係のない者とも協力する必要が出てくる。こうした状況では、集団に同一視し、その慣行や規範に従って生活し、自分がその集団の一員であることを示すことが、よきパートナーとして認められるために重要となってくる（Tomasello et al., 2012）。集団間の競争が増すにつれて、内集団ひいき、すなわち、内集団成員を他集団成員より好み、信頼する傾向も生じてくる。集団の一員であるならその集団の規範に従うべきであり、集団の成員として、みんながその集団の慣行や規範に従えば、知らない人同士であっても協働活動は促進される。

　話は、現代に飛ぶ。皮肉なことに、社会経済的地位が高い者ほど、思いやり

が低く,困っている人を助けようとしないし,寄付もせず,資源の公平な分配も行わない(e.g., Piff et al., 2010 ; Stellar et al., 2012)。社会経済的地位が高い者は,協力や平等に価値を置かず,向社会的な行動も行わず,自己の利益を最大化するために不正を働くなどの非倫理的な行為を行いさえする。また,社会経済的地位が高い者ほど,自立に価値を置き,他人の幸福よりも自分の業績や利益を重視し,混乱に際しては,他人との繋がりではなく,富にしがみつこうとする(Piff et al., 2012)。お金を見せられても同様だ(Vohs, Mead, & Goode, 2006)。お金を見せられると,人助けもしなくなるし,助けも求めなくなる。お金があれば,他人に依存しなくても生きていけるという感覚になるのであろう。社会経済的地位の低い者では,生きていくために他人との互恵的な関係の中でお互いを支え合う必要があり,協力行動を維持するための社会規範も存在している。それに対し,社会経済地位の高い者は,自分は自立しており,誰の助けも借りていないと思いがちである。助けを借りていない以上,助けを受けられなくても困ることはなく,他者との協力関係から排除されないように,協力行動を行う必要もない[注2]。思いやりは,当初は養育行動を促進するために進化し,その後,協力行動を維持するために近親者以外の者にも適用されるようになったのだと考えられるが,そもそも,お互いに依存し合っているという認知(相互依存性の認知)がなければ,他者との協力関係の必要性も感じられず,非血縁者への思いやりも示されない。誰の世話にもなっていないのだから誰の世話もしない。誰の世話にもならずに生きることが現実的に可能かどうかはともかくとして,少なくとも,権力や金にはそうした錯覚を生じさせる魔力があるらしい。自立もまた負の側面を持つ。

2. 偏りをいかに克服するか

共感や思いやりには偏りがある。そして,その偏りには進化的な起源がありそうである。オキシトシンはこの偏りを調整しているようでもある。問題はこの偏りをどう克服するかである。ヒュームも,もちろん,偏りを指摘するだけではなく,それへの対応策を提案していた。一般的な観点に自分を置くというのがヒュームの回答である。すべての観察者に共通の観点,すなわち,判断を下される当人あるいはその身近な関係者の観点に立つのである。ヒュームの指

摘はもっともであるが，人はなかなか，特に外集団成員に対しては当事者の視点に立たないのがそもそも問題なのである。したがって，ここではヒュームとは異なる方法を提案する。

（1）類似性の操作：一人称単数から一人称複数へ

人は自分と似ている者に対して共感や思いやりをより示す。とすれば，類似性を操作することでその範囲を拡大すればよい。たとえば，ゴムの手錯覚という現象がある（Botvinick & Cohen, 1998）。ゴムの手を目の前に置き，その外側に自分の手を置く。両方の手の間には衝立を置いて自分の手を見えないようにする。その上で他の人にゴムの手と自分の手を同時に撫でてもらう。自分はゴムの手を見ているだけ。しばらく見ていると，まるでゴムの手が自分の手であるかのように感じられてくるはずだ。この錯覚は，自分の手とゴムの手が，肌の色などの点で似ていなくても生じ，むしろ，錯覚が生じると両者が似ているように感じられる（Longo et al., 2009）。マイスターら（Maister et al., 2013）は，この手続きを用いて，外集団成員に対する潜在的な人種差別を低減させることに成功している。つまり，白人に黒いゴムの手を用いてこの手続きを実施し，黒い手が自分の手であるかのように感じた人ほど，黒人に対する潜在的態度が肯定的なものに変化することを示している。外集団に対する潜在的態度が外集団に対する共感的な脳活動を予測することはすでに述べた通りである。

同様な結果は，模倣や動作の同期でも報告されている。相手に自分の動作を模倣されると，相手に対して好感を抱くのみならず，相手の痛みにより共感するようになるし，相手をより自発的に助けるようにもなる（e.g., Carpenter, Uebel, & Tomasello, 2013；De Coster et al., 2013）。また，動作が同期すると，その相手を好きになるだけではなく，相手に協力行動を示すようになるし，自発的に援助行動を示すようにもなる（e.g., Cirelli, Einarson, & Trainor, 2014；Wiltermuth & Heath, 2009）。必ずしも同じ動作をする必要はない。相手が手を上げるときに手を下げるのでも構わない。大事なのは動作の随伴性である。随伴性は自他弁別の重要な手がかりである（Bahrick & Watson, 1985；Sato & Yasuda, 2005）。自分の脚の動きを，直接ではなく，モニターを通して見ると

III 自己・アイデンティティを超える

しよう。それが自分の脚の映像であれば,自分の脚が動いたときに予測可能な形で動くはずである。動いたのに動いたり動かなかったりではなく,同じ動きをしたのにその都度違う動きをするのでもなく。動作の随伴性は,自分で動く場合であれ,動かされる場合であれ,「我々感」を醸成し,互いへの向社会的行動を促進することになる。

(2) 共通の人間らしさ

あまりにも自分の幸せのことばかりにかかずらっていると,周囲の人間から切り離されたように感じ,孤立感を深めがちである。自分ばかりが辛い,自分ばかりに不幸が起きるというわけである。しかし,人は誰もが完璧からは程遠く,欠点がない人もいない。誰もがそれなりに苦しみを味わう。そもそも生物である以上,誰もが平等に死ぬわけである。また,人は人である以上,共通の制約を持ってもいる。たとえば,欠伸がうつるように,感情もうつる。自己の行為の実行に関わる神経システムが行為の観察時にも活動するからである(詳しくは,佐藤,2015)。それによってお互いの感情を自分の内側で感じることができる。身体を通じてお互いに繋がり合う。と同時に,身体を通じて自分が自分であるという感覚も作られる(後述)。繋がり合う希望がなければ,孤独を苦痛に感じることもない。しかし,身体は両義的だ。繋げると同時に隔てる。

こうした例は枚挙に暇がない。iPhoneを使った有名な研究がある。ランダムな時間に参加者にコンタクトして,今の気分と今何をしているかを聞いたものだ(Killingsworth & Gilbert, 2010)。幸せを感じやすい活動とそうでない活動とがある。性行為は幸せランキング断トツトップだ。しかし,この研究の面白いところは,今やっている活動以外のことを考えていたかも聞いていることだ。仮にあまり楽しくないことをやっているにしろ,やっていることに集中している人は幸せだし,心ここに在らずの人は不幸だというのが,その結果だ。しかし,今ここにいられないのも人間である。我々,人間の身体能力は必ずしも高くない。他の大型動物と素手でわたり合おうとしても無理である。100メートル競走でチーターに勝てる見込みもない。にもかかわらず,我々が生き残ってきたのは,今ここにないものを「想像するちから」が存在するからである(松沢,2011)。それによって,道具を作るための道具を作ることも可能になり,

我々は柔軟に環境の変化に対応できたのだ。過去の経験をもとに未来について想像する。それによって絶望も可能になる。しかし、もし我々が今ここから離れられなかったとしたら、今我々が存在していたかも怪しいところだ。

本章で何度か登場したBPD患者は親からの虐待や遺棄を経験していることが多い。虐待経験は、海馬の糖質コルチコイド受容体遺伝子のDNAメチル化を昂進させ、糖質コルチコイド受容体の発現を低下させる（McGowan et al., 2009）。海馬、視床下部、下垂体には糖質コルチコイド受容体が存在し、これらの受容体には、ストレス状況下で副腎皮質から分泌されるコルチゾールの分泌量が増大すると、CRHやACTHの合成・分泌を抑制し、結果としてコルチゾールの分泌量を抑制する役割がある。したがって、糖質コルチコイド受容体の発現が低下するということはストレス反応の調整がうまくできなくなることを意味する。幼少期の虐待経験により、その個体が成体になったときに、前頭前野における脳由来神経栄養因子（神経回路の形成や維持に関わる）遺伝子のDNAメチル化が増加し、その遺伝子発現が抑制されることも報告されている（Roth et al., 2009）。虐待経験により脳脊髄液中のオキシトシン濃度が低下することも知られており（Heim et al., 2009）、オキシトシンについても同様だろう。DNAメチル化は、遺伝子の使い方を制御する細胞の修飾状態（エピゲノム）の一つであり、DNAメチル化では転写が抑制され、結果として遺伝子発現が抑制されることになる。経験によってDNA配列自体が変わることはない。しかし、その使い方を制御する細胞の修飾状態は変化する。そして、このエピゲノムの記憶は親から子へと伝えられる。親の経験は、親のDNAメチル化の増加などのエピゲノムの変化をもたらし、その受精前の親のエピゲノムの変化は、たとえ、人工受精を行い、養子に出すなど、親からの社会的経験の要因を一切排除したとしても、子、そして、孫の世代まで引き継がれるのである[注3]（Dias & Ressler, 2014）。それによって、遺伝子発現が抑制されたり、促進されたりし、子の神経発達に影響が生じることになる。親からの育児放棄や虐待にあった子は、親になった際に自分の子に対し同じような行動に出る傾向があるが、こうした世代間伝達にはエピゲノムの記憶の遺伝が関わっているのである。

こうした一連の研究を知ったとき、天雷を受けたかのように、椅子から転げ

落ちそうになった。悔い改めよ！　今の自分の行いが子孫に遺伝していくのである。何から悔い改めよう。まず，暴飲暴食をやめよう，飲んだ後の〆のラーメンはやめよう，……。さて，「それはそれとして」，ここで言いたいことは，BPD 患者も，誰も，どのような環境に生まれるか，どの親の元に生まれるかをまったく自己選択できないということである。生まれたらたまたまそこであり，そこであれば，その人生を生きるしかない。人の生に関わるこのどうしようもなさを根源的統制不可能性と呼ぼう。それ以外の統制可能性は相対的なものでしかない。それなりに恵まれた環境に生まれていると，この根源的統制不可能性を忘れがちだ。しかし，BPD 患者も好き好んで虐待する親の元に生まれたわけではなく，好き好んであのように振る舞っているわけでもなかろう。遺伝子，エピゲノム，環境の組み合わせが同じであれば，誰もが同じように感じ，振る舞うだろう。そして，その組み合わせは誰も選べない。

　本人に責任がない苦しみならば，同情され，援助も得られる（Rudolph et al., 2004）。しかし，本人に責任があると思われれば，思いやりが示されることはない。人には想像するちからがある。この想像するちからを思う存分発揮して，この根源的統制不可能性について思いを馳せてみよう。一旦自分の境遇は脇に置いて，自分がどのような組み合わせに割り振られるかわからないとする。いや，実際わからなかったのだし，自分で選べなかったのだ。一挙に思いやりに満たされないだろうか？　憎たらしいと思っていたあの人にも。

（3）相互依存性

　近親者以外に向社会的行動が示されるかどうかに相互依存性の認知が関わっていることはすでに述べた。依存していないと思えば，助けないのである。しかし，依存しないということが実際に可能だろうか？　筆者には無理である。得意なことは得意だが，苦手なことは苦手で，その苦手なことが生きていくうえでは大事だったりするから，周りの人に大いに支えられて何とか生きている。そもそもこの原稿だって多くの先人の知恵があってこそ，だ。語り手としての「私」はまさに「引用の織物」（宮川，1975）だ。それに，今使っているパソコンも自分で作ったわけではないし，椅子もそうだ。エビはインドネシアから輸入されるが，エビフライが好きな筆者は，当然ながら，インドネシアでの労

働問題や環境破壊に責任がある（村井，1988，2007）。すべては繋がっている。グローバル化の進んだ現代ではなおさら。仏教にも，宇宙にあるすべてのものは相互に依存し合っているという考えがある。ここでは，ティク・ナット・ハン（1995）の以下の言葉で十分だろう。「もし君が詩人だったらこの紙の上に雲が浮かんでいるのがはっきり見えるだろう。雲がなければ水はない。水がなければ木は育たない。木がなければ紙を作れない。だから雲はここにある。このページの存在は雲の存在に依存している」。

（4）自分に距離を置く：自然体験と畏怖

　筆者の住んでいる富山は，海に山にと，自然が豊かである。立山連峰，穂高連峰と，3000 m級の山々も近くである。ケーブルカーやロープウェイなども整備されており，たとえば，雄山などは，「天気もいいし，今日行ってくるか」と気軽に登ることができる。雄大な大自然を前にすると，自分がちっぽけに見え，ああでもないこうでもないと思い悩んでいたこともどうでもよいことのように思えてくる。筆者は，この感覚が好きで山に入っているといえなくもない。

　17世紀や18世紀のヨーロッパには，巨大なものや雄大なものに対したときに人が抱く感情やイメージを指す美学上の概念に「崇高」という概念が存在したが（たとえば，エドマンド・バークの『崇高と美の観念の起原』（1999）やイマヌエル・カントの『美と崇高の感情に関する観察』（1982）），近年，心理学でも「畏怖（awe）」として同様な感情が研究されるようになってきた。畏怖とは，現在の認知的な枠組みを超越するような莫大な刺激に対する感情的な反応であり，既存の枠組みでは同化できない新たな体験を理解するために，既存の枠組みを調節し，世界観を変える必要性を刺激する（Keltner & Haidt, 2003）。畏怖は，もちろん，自然風景のみならず，美しく偉大な等式（たとえば，オイラーの等式 $e^{i\pi}+1=0$），建築物や芸術作品などでも喚起される。既存の枠組みに同化できず，調節を要する巨大な刺激に対する反応が畏怖であり，畏怖は，他のポジティブ感情のようにステレオタイプに基づく簡便で直観的なヒューリスティック処理を増大させるのではなく，認知的努力を要する分析的でシステマティックな処理を増大させる（Griskevicius, Shiota, & Neufeld, 2010）。曖昧さへの耐性が高い人，柔軟で知的好奇心が高く経験への開放性が

高い人が畏怖を経験しやすい（Shiota, Keltner, & John, 2006 ; Shiota, Keltner, & Mossman, 2007）。

　畏怖の導入は時間感覚をも変える。畏怖を導入すると，利用できる時間がたっぷりあるという感覚になる（Rudd, Vohs, & Aaker, 2012）。目的地へ急いでいると，道に助けを求めている人がいても素通りしてしまいがちである（Darley & Batson, 1973）。しかし，時間が十分にあると感じられれば，困っている人の前に立ち止まって，その時間を彼や彼女のために使うようになるかもしれない。実際，畏怖の導入によって焦りや苛立ちが低下し，それによって，自ら進んでチャリティや価値ある目的のために時間を提供するようになるようである。畏怖の導入は，消費のあり方も人生満足感も変える。畏怖の導入によって時間があると感じられると，モノの購入よりも体験型の消費を選好するようになるし，時間があると感じられると人生満足度も高まる。畏怖は幸福感を高めるのみではない。健康状態も改善する。炎症性サイトカインを指標とした研究では，喜びや満足などの他のポジティブ感情の効果を統制したうえで，畏怖のみが良好な健康状態を予測することが報告されている（Stellar et al., 2015）。

　本節の冒頭で触れたように，畏怖には自己へのこだわりから離れさせる効果がある。自分よりはるかに大きな存在を前にすると，自分は何ともちっぽけで，自分の毎日の心配事など取るに足りないもののように感じられる。畏怖を導入すると，くじの抽選券をもらっていない見知らぬパートナーにより多くの自分の券を分け与えるようになったり，パートナーと公平にポイントを分配するようになったり，実験者が落としたペンをより多く拾うようになったりと，多くの面において向社会的行動が増加するが，畏怖の導入によって，注意が自分より大きな存在に向くようになり，自己の欲望や利害への囚われが低下するために，向社会的行動が増加するようである（Piff et al., 2015）。ここで重要な点は，畏怖の導入によって自己概念の内容が劇的に拡大するということである。つまり，「地球の住人」「人間」というように，より普遍的なカテゴリの一員，より大きな全体の一部として，自分を捉えるようになるのである（Shiota, Keltner, & Mossman, 2007）。一般的に，所属集団から自分のアイデンティティを得ている者がその自尊感情を高めようとすると，内集団ひいきや，内集団の「劣っ

た」成員や「逸脱した」成員を排除しようとする，いわゆる黒い羊効果が起きやすいことが知られている（Tajfel, 1981）。しかし，より普遍的で大きな集団に所属するとなると話は別である。自分を人類の一員と考える人は，内集団成員と外集団成員の人生を対等に尊重することが報告されている（McFarland, Webb, & Brown, 2012）。畏怖は内集団バイアスをも超えさせるのである。

おわりに：超越の内在

西田幾多郎は『私と汝』（1987）に次のように書いている。「個物が個物自身の底に絶対の他を見るということは，自己自身の底に絶対に自己自身を否定するものに撞着するという意味を有っていなければならない。かかる意味において絶対の他と考えられるものは，私を殺すという意味を有っているとともに，我々の自己は自己自身の底にかかる絶対の他を見ることによって自己であるという意味において，それは私を生むものでなければならない」。

青年期は，なぜ自分が自分なのか，自分は何者なのか，思い悩む時期である。自分の生まれ落ちた組み合わせを恨みもする。

自分は何者なのか。こうした問いは，対象化以前の自己の感覚，自分で自分を問う以前に自分が自分であるという感覚が成立しているからこそ生じる。自分が自分であるという感覚は，自己主体感（自分がしているという感じ），身体保持感（身体が自分のものだという感じ），意識の一人称性（自分が認識しているという感じ）などに区別できる。こうした基本的な自己感を成立させているのは身体である。身体は動く。動くとそれに伴って環境に変化が生じる。こうした経験が繰り返されれば，こうすればこうなると動作の感覚結果を予測できるようになり，また，その予測された結果を引き起こすために意図的に動作を選択できるようになる。自己主体感にとって重要なのはこの予測であり，予測通りの結果が得られた場合に自分がやったという感覚が生じる（Sato & Yasuda, 2005；詳しくは，佐藤，2011）。主体感は，身体と環境のあいだに成立し，それはその都度の動作によって作られていく。

身体保持感もまた，ゴムの手錯覚で見たように，その都度更新されるものである。通常は見える身体と感じられる身体は一致している。しかし，両者が矛盾する場合，より精度の高い視覚情報に引きずられて（脳がより信頼できる

III　自己・アイデンティティを超える

情報に大きなウェイトを与えることで矛盾を解決しようとするため），見える身体の方が自分の身体だと感じられるようになる。全身でもこうした錯覚は生じる。意識の一人称性については明らかではない。しかし，有望な仮説はある。脳は，常に，体温や血糖値などの内部環境の状態や内臓の現在の状態，さらには，前庭や骨格筋の状態についての報告を受け取っている。脳は，刻一刻，こうした比較的安定した身体の動的表象を手に入れている。何らかの知覚対象によってこうした現在の身体状態の表象に変化が生じると，その変化に関する表象と変化の原因となった対象についての表象が結びついて中核意識（言語に依存しない，今ここに限局された意識）が生じるというのが，ダマシオ（Damasio, 1999）の仮説である。この仮説はどうして意識には「私」が伴うかをうまく説明できているように思われる。通常，こうした自己の感覚は，特に意識されることなく，身体と環境のあいだ，モダリティとモダリティのあいだに自明のものとして成立している。しかし，この自然な自明性（特に主体感）が成立しなければ，通常なら意識されないような経験それ自体が外的対象のように意識化されることになる（過剰な内省）。そして，暗黙のうちに体験される経験に顕在的に注意が向けられ対象化されると，ますますそれらは自己から疎外され，疎遠なものとして経験されるようになる。これが統合失調症である（Sass & Parnas, 2003；詳しくは，佐藤，印刷中）。

　身体の存在が自己の自己性を可能とする。この自己性が成立して初めて物語性を持つ自己の感覚も可能となる。では，この自己性成立以前の身体を存在せしめるのはなんだろうか？　「親が妊娠して出産したから」（ある学生）。あまりにも直截的な答えだがよしとしよう。この場合でも，「では，その親の身体は？」と，人類の進化の歴史をたどり，生命の誕生まで還ることができる。自己の底には，何か生命の流れというべきものが流れており，その自己表出，あるいは，それぞれの組み合わせに応じた自己限定として，私が成立するとも考えられないだろうか？　それは自己成立以前のものであり，自己を超越している。自己から見ればそれは絶対の他である。「それ」としかいいようのない，何やら分からぬものである。しかし，同時に，「それ」は私を成立せしめるものでもある。他人も同様である。他人もまた，身体を通じて，彼は彼，彼女は彼女である。そのそれぞれの私を生きているし，それを生きるほかはない。

私はその他者からの反応を通して私が何者であるかを知り（Cooley, 1902；Mead, 1934；Tomasello, 1999），物語性を身に纏う。と同時に，その彼／彼女にもまた，その身体の底に生命の流れが息づいている。私はあなたと個別の私として出会うとともに，その底を通じてあなたへ結合する。

ホッブズは自己保存の本能を生命活動の根元と捉えた。将来の自己保存のために少しでも他人より優位に立とうと，我々人間は「万人の万人に対する闘争」に陥る。その「自己」はといえば，自己概念はもちろん（他者との関わりを通して我々は自分が誰であるかを知る。自己内対話も他者との対話が内化されたものである），自分が自分であるという感覚さえ，あいだ，すなわち，身体と身体のあいだ，身体と環境のあいだ，モダリティとモダリティのあいだに生じる現象である。そして，その身体の底には自己を超越した何かが蠢いている。難しいことはもうよそう。山に出かけよう。それはヒトが存在する前から存在したかもしれず，ヒトが絶滅した後も存在するかもしれぬ。己の小ささを全身で感じよう。小さきものは美しき哉。すべての生きとし生けるものに祝福を。

注1　しかし，一度や二度の過ちは寛大に見逃し，たとえば，相手の投資額が減ったところを宥めるように敢えてこちらは増やすなど，関係の修復に努めないと協力関係を維持することもできない。BPD患者は相手の利己的な選択にすぐに返報的に応答してしまうため協力関係を長期に維持できないようである（King-Casas et al., 2008）。

注2　社会経済的地位の低い者と高い者では，自尊感情の機能も異なると考えられる。相互依存的な低い者では，自尊感情は，集団から排除されないように他者との関係をモニターする機能を持つのに対し，自立に価値を置く高い者では，自分が他人より優位かどうかをモニターするのが，その機能という具合に，である。

注3　これは決定論ではない。その世代の経験が次の世代に伝わるのであり，現世代の責任は大きい。

文献

Altemus, M., Deuster, P. A., Galliven, E., Carter, C. S., & Gold, P. W. 1995 Suppression of hypothalmic-pituitary-adrenal axis responses to stress in lactating women. *Journal of Clinical Endocrinology and Metabolism*, 80, 2954-2959.

Avenanti, A., Sirigu, A., & Aglioti, S. M. 2010 Racial bias reduces empathic sensorimotor resonance with other-race pain. *Current Biology*, 20, 1018-1022.

Azevedo, R. T., Macaluso, E., Avenanti, A., Santangelo, V., Cazzato, V., & Aglioti, S. M. 2013 Their pain is not our pain: Brain and autonomic correlates of empathic resonance with the pain of same and different race individuals. *Human Brain Mapping*, 34, 3168-3181.

Bahrick, L. E., & Watson, J. S. 1985 Detection of intermodal proprioceptive-visual contingency as a potential basis of self-perception in infancy. *Developmental Psychology*, 21, 963-973.

Bartz, J., Simeon, D., Hamilton, H., Kim, S., Crystal, S., Braun, A., Vicens, V., & Hollander, E. 2011 Oxytocin can hinder trust and cooperation in borderline personality disorder. *Social Cognitive and Affective Neuroscience*, 6, 556-563.

Batson, D. 1991 *The altruism question: Toward a social psychological answer*. Hillsdale: Lawrence Erlbaum.

Batson, D. 2011 *Altruism in humans*. New York: Oxford University Press.

Baumgartner, T., Heinrichs, M., Vonlanthen, A., Fischbacher, U., & Fehr, E. 2008 Oxytocin shapes the neural circuitry of trust and trust adaptation in humans. *Neuron*, 58, 639-650.

Botvinick, M., & Cohen, J. 1998 Rubber hands 'feel' touch that eyes see. *Nature*, 391, 756.

エドマンド・バーク（著）中野好之（訳）1999 崇高と美の観念の起源 みすず書房

Burnstein, E., Crandall, C., & Kitayama, S. 1994 Some neo-Darwinian decision rules for altruism: Weighing cues for inclusive fitness as a function of the biological importance of the decision. *Journal of Personality and Social Psychology*, 67, 773-789.

Carpenter, M., Uebel, J., & Tomasello, M. 2013 Being mimicked increases prosocial behavior in 18-month-old infants. *Child Development*, 84, 1511-1518.

Cikara, M., Botvinick, M. M., & Fiske, S. T. 2011 Us versus them: Social identity shapes neural responses to intergroup competition and harm. *Psychological Science*, 22, 306-313.

Cikara, M., Eberhardt, J. L., & Fiske, S. T. 2011 From agents to objects: Sexist attitudes and neural responses to sexualized targets. *Journal of Cognitive Neuroscience*, 23, 540-551.

Cirelli, L. K., Einarson, K. M., & Trainor, L. J. 2014 Interpersonal synchrony increases prosocial behavior in infants. *Developmental Science*, 17, 1003-1011.

Cooley, C. H. 1902 *Human nature and the social order*. New York: Scribner's.

Damasio, A. 1999 *The feeling of what happens: Body and emotion in the making of consciousness*. New York: Harcourt.

Darley, J. M., & Batson, C. D. 1973 From Jerusalem to Jericho: A study of situational and dispositional variables in helping behavior. *Journal of Personality and Social Psychology*, 27, 100-108.

Dawood, M. Y., Khan-Dawood, F. S., Wahi, R. S., & Fuchs, F. 1981 Oxytocin release and plasma anterior pituitary and gonadal hormones in women during lactation. *Journal of Clinical Endocrinology and Metabolism*, 52, 678-683.

9章 内と外を超える 多文化共生社会における自己

De Coster, L., Verschuere, B., Goubert, L., Tsakiris, M., & Brass, M. 2013 I suffer more from your pain when you act like me: Being imitated enhances affective responses to seeing someone else in pain. *Cognitive, Affective, & Behavioral Neuroscience*, 13, 519-532.

De Dreu, C. K., Greer, L. L., Van Kleef, G. A., Shalvi, S., & Handgraaf, M. J. 2011 Oxytocin promotes human ethnocentrism. *Proceedings of the National Academy of Sciences of the United States of America*, 108, 1262-1266.

De Dreu, C. K. W., Greer, L. L., Handgraaf, M. J. J., Shalvi, S., Van Kleef, G. A., Baas, M., Ten Velden, F. S., Van Dijk, E., & Feith, S. W. W. 2010 The neuropeptide oxytocin regulates parochial altruism in intergroup conflict among humans. *Science*, 328, 1408-1411.

Dias, B. G., & Ressler, K. J. 2014 Parental olfactory experience influences behavior and neural structure in subsequent generations. *Nature Neuroscience*, 17, 89-96.

Domes, G., Heinrichs, M., Michel, A., Berger, C., & Herpertz, S. C. 2007 Oxytocin improves "mind-reading" in humans. *Biological Psychiatry*, 61, 731-733.

Eisenberger, N. I., Lieberman, M. D., & Williams, K. D. 2003 Does rejection hurt? An fMRI study of social exclusion. *Science*, 302, 290-292.

Feldman, R. 2007 Parent-infant synchrony: Biological foundations and developmental outcomes. *Current Directions in Psychological Science*, 16, 340-346.

Feldman, R., Gordon, I., Shneiderman, I., Weisman, O., & Zagoory-Sharon, O. 2010 Natural variations in maternal and paternal care are associated with systematic changes in oxytocin following parent-infant contact. *Psychoneuroendocrinology*, 35, 1133-1141.

Feldman, R., Gordon, I., & Zagoory-Sharon, O. 2011 Maternal and paternal plasma, salivary, and urinary oxytocin and parent-infant synchrony: Considering stress and affiliation components of human bonding. *Developmental Science*, 14, 752-761.

Feldman, R., Greenbaum, C. W., & Yirmiya, N. 1999 Mother-infant affect synchrony as an antecedent of the emergence of self-control. *Developmental Psychology*, 35, 223-231.

Feldman R., Weller, A., Zagoory-Sharon, O., & Levine, A. 2007 Evidence for a neuroendocrinological foundation of human affiliation: Plasma oxytocin levels across pregnancy and the postpartum period predict mother-infant bonding. *Psychological Science*, 18, 965-970.

Grewen, K. M., Davenport, R. E., & Light, K. C. 2010 An investigation of plasma and salivary oxytocin responses in breast-and formula-feeding mothers of infants. *Psychophysiology*, 47, 625-432.

Griskevicius, V., Shiota, M. N., & Neufeld, S. L. 2010 Influence of different positive emotions on persuasion processing: A functional evolutionary approach. *Emotion*, 10, 190-206.

Guastella, A. J., Einfeld, S. L., Gray, K. M., Rinehart, N. J., Tonge, B. J., Lambert, T. J., & Hickie, I. B. 2010 Intranasal oxytocin improves emotion recognition for youth with autism spectrum disorders. *Biological Psychiatry*, 67, 692-694.

Guastella, A. J., Mitchell, P. B., & Dadds, M. R. 2008 Oxytocin increases gaze to the eye

region of human faces. *Biological Psychiatry*, 63, 3-5.
Hamilton, W. D. 1964 The genetical evolution of social behaviour. I. *Journal of Theoretical Biology*, 7, 1-16.
Heim, C., Young, L. J., Newport, D. J., Mletzko, T., Miller, A. H., & Nemeroff, C. B. 2009 Lower CSF oxytocin concentrations in women with a history of childhood abuse. *Molecular Psychiatry*, 14, 954-958.
Hein, G., Silani, G., Preuschoff, K., Batson, C. D., & Singer, T. 2010 Neural responses to ingroup and outgroup members' suffering predict individual differences in costly helping. *Neuron*, 68, 149-160.
Hofbauer, R. K., Rainville, P., Duncan, G. H., & Bushnell, M. C. 2001 Cortical representation of the sensory dimension of pain. *Journal of Neurophysiology*, 86, 402-411.
Insel, T. R., & Young, L. J. 2001 The neurobiology of attachment. *Nature Reviews Neuroscience*, 2, 129-136.
イマヌエル・カント（著）上野直昭（訳） 1982 美と崇高の感情に関する観察 岩波書店
Keltner, D., & Haidt, J. 2003 Approaching awe, a moral, aesthetic, and spiritual emotion. *Cognition and Emotion*, 17, 297-314.
Killingsworth, M. A., & Gilbert, D. T. 2010 A wandering mind is an unhappy mind. *Science*, 330, 932.
King-Casas, B., Sharp, C., Lomax-Bream, L., Lohrenz, T., Fonagy, P., & Montague, P. R. 2008 The rupture and repair of cooperation in borderline personality disorder. *Science*, 321, 806-810.
Kirsch, P., Esslinger, C., Chen, Q., Mier, D., Lis, S., Siddhanti, S., Gruppe, H., Mattay, V. S., Gallhofer, B., & Meyer-Lindenberg, A. 2005 Oxytocin modulates neural circuitry for social cognition and fear in humans. *The Journal of Neuroscience*, 25, 11489-11493.
Kosfeld, M., Heinrichs, M., Zak, P. J., Fischbacher, U., & Fehr, E. 2005 Oxytocin increases trust in humans. *Nature*, 435, 673-676.
Kross, E., Berman, M. G., Mischel, W., Smith, E. E., & Wager, T. D. 2011 Social rejection shares somatosensory representations with physical pain. *Proceedings of the National Academy of Sciences of the United States of America*, 108, 6270-6275.
Longo, M. R., Schüür, F., Kammers, M. P. M., Tsakiris, M., & Haggard, P. 2009 Self awareness and the body image. *Acta Psychologica*, 132, 166-172.
Maister, L., Sebanz, N., Knoblich, G., & Tsakiris, M. 2013 Experiencing ownership over a dark-skinned body reduces implicit racial bias. *Cognition*, 128, 170-178.
Mathur, V. A., Harada, T., & Chiao, J. Y. 2012 Racial identification modulates default network activity for same and other races. *Human Brain Mapping*, 33, 1883-1893.
松沢哲郎 2011 想像するちから：チンパンジーが教えてくれた人間の心 岩波書店
Maynard Smith, J. 1964 Group selection and kin selection. *Nature*, 200, 1145-1147.
McFarland, S. G., Webb, M., & Brown, D. 2012 All humanity is my ingroup: A measure and

studies of identification with all humanity. *Journal of Personality and Social Psychology*, 103, 830-853.

McGowan, P. O., Sasaki, A., D'Alessio, A. C., Dymov, S., Labonté, B., Szyf, M., Turecki, G., & Meaney, M. J. 2009 Epigenetic regulation of the glucocorticoid receptor in human brain associates with childhood abuse. *Nature Neuroscience*, 12, 342-348.

Mead, G. H. 1934 *Mind, self and society*. Chicago: University of Chicago Press.

Mezzacappa, E. S., Kelsey, R. M., & Katkin, E. S. 2005 Breast feeding, bottle feeding, and maternal autonomic responses to stress. *Journal of Psychosomatic Research*, 58, 351-365.

宮川淳　1975　引用の織物　筑摩書房

村井吉敬　1988　エビと日本人　岩波書店

村井吉敬　2007　エビと日本人Ⅱ：暮らしのなかのグローバル化　岩波書店

西田幾多郎（著）上田閑照（編）　1987　西田幾多郎哲学論集Ⅰ：場所・私と汝他六篇　岩波書店

Petrovic, P., Kalisch, R., Singer, T., & Dolan, R. J. 2008 Oxytocin attenuates affective evaluations of conditioned faces and amygdala activity. *The Journal of Neuroscience*, 28, 6607-6615.

Piff, P. K., Dietze, P., Feinberg, M., Stancato, D. M., & Keltner, D. 2015 Awe, the small self, and prosocial behavior. *Journal of Personality and Social Psychology*, 108, 883-899.

Piff, P. K., Kraus, M. W., Côté, S., Cheng, B. H., & Keltner, D. 2010 Having less, giving more: The influence of social class on prosocial behavior. *Journal of Personality and Social Psychology*, 99, 771-784.

Piff, P. K., Stancato, D. M., Côté, S., Mendoza-Denton, R., & Keltner, D. 2012 Higher social class predicts increased unethical behavior. *Proceedings of the National Academy of Sciences*, 109, 4086-4091.

Rainville, P., Duncan, G. H., Price, D. D., Carrier, B., & Bushnell, M. C. 1997 Pain affect encoded in human anterior cingulate but not somatosensory cortex. *Science*, 277, 968-971.

Rodrigues, S. M., Saslow, L. R., Garcia, N., John, O. P., & Keltner, D. 2009 Oxytocin receptor genetic variation relates to empathy and stress reactivity in humans. *Proceedings of the National Academy of Sciences*, 106, 21437-21441.

Roth, T. L., Lubin, F. D., Funk, A. J., & Sweatt, J. D. 2009 Lasting epigenetic influence of early-life adversity on the BDNF gene. *Biological Psychiatry*, 65, 760-769.

Rudd, M., Vohs, K. D., & Aaker J. 2012 Awe expands people's perception of time, alters decision making, and enhances well-being. *Psychological Science*, 23, 1130-1136.

Rudolph, U., Roesch, S. C., Greitemeyer, T., & Weiner, B. 2004 A meta-analytic review of help giving and aggression from an attributional perspective: Contributions to a general theory of motivation. *Cognition and Emotion*, 18, 815-848.

佐藤徳　2011　私のような他者／私とは異なる他者―間主観性の認知神経科学　子安増生・

III 自己・アイデンティティを超える

大平英樹（編）　ミラーニューロンと〈心の理論〉　新曜社　pp. 59-102.
佐藤 徳　2015　運動と身体　榊原洋一・米田英嗣（編）　脳の発達科学　新曜社　pp. 146-155.
佐藤 徳　印刷中　統合失調症における自己の障害　室橋春光・苧阪満里子（編）改訂 生理心理学 第Ⅲ巻　北大路書房
Sato, A., & Yasuda, A. 2005 Illusion of sense of self-agency: Discrepancy between the predicted and actual sensory consequences of actions modulates the sense of self-agency, but not the sense of self-ownership. *Cognition*, 94, 241-255.
Sass, L. A., & Parnas, J. 2003 Schizophrenia, consciousness, and the self. *Schizophrenia Bulletin*, 29, 427-444.
Seltzer, L., Ziegler, T., & Pollak, S. D. 2010 Social vocalizations can release oxytocin in humans. Proceedings of the Royal Society of London, Series B. *Biological Sciences*, 277, 2661-2666.
Shamay-Tsoory, S. G., Fischer, M., Dvash, J., Harari, H., Perach-Bloom, N., & Levkovitz, Y. 2009 Intranasal administration of oxytocin increases envy and schadenfreude. *Biological Psychiatry*, 66, 864-870.
Sheng, F., Liu, Y., Zhou, B., Zhou, W., & Han, S. 2013 Oxytocin modulates the racial bias in neural responses to others' suffering. *Biological Psychiatry*, 92, 380-386.
Shiota, M. N., Keltner, D., & John, O. P. 2006 Positive emotion dispositions differentially associated with Big Five personality and attachment style. *Journal of Positive Psychology*, 1, 61-71.
Shiota, M. N., Keltner, D., & Mossman, A. 2007 The nature of awe: Elicitors, appraisals, and effects on self-concept. *Cognition and Emotion*, 21, 944-963.
Singer, T., Seymour, B., O'Doherty, J., Kaube, H., Dolan, R. J., & Frith, C. D. 2004 Empathy for pain involves the affective but not sensory components of pain. *Science*, 303, 1157-1162.
Singer, T., Seymour, B., O'Doherty, J. P., Stephan, K. E., Dolan, R. J., & Frith, C. D. 2006 Empathic neural responses are modulated by the perceived fairness of others. *Nature*, 439, 466-469.
Stellar, J. E., John-Henderson, N., Anderson, C. L., Gordon, A., McNeil, G. D., & Keltner, D. 2015 Positive affect and markers of inflammation: Discrete positive emotions predict lower levels of inflammatory cytokines. *Emotion*, 15, 129-133.
Stellar, J. E., & Keltner, D. 2014 Compassion. In M. Tugade, L. Shiota, & L. Kirby (Eds.), *Handbook of Positive Emotion*. New York: Guilford Press. pp. 329-341.
Stellar, J., Manzo, V., Kraus, M. W., & Keltner, D. 2012 Class and compassion: Socioeconomic factors predict responses to suffering. *Emotion*, 12, 449-459.
Stewart-Williams, S. 2007 Altruism among kin vs. nonkin: Effects of cost of help and reciprocal exchange. *Evolution and Human Behavior*, 28, 193-198.

Tajfel, H. 1981 *Human Groups and Social Categories.* Cambridge: Cambridge University Press.
ティク・ナット・ハン　1995　微笑みを生きる：「気づき」の瞑想と実践　春秋社
Tomasello, M. 1999 The cultural origins of human cognition. Cambridge: Harvard University Press.
Tomasello, M., Melis, A., Tennie, C., Wyman, E., & Herrmann, E. 2012 Two key steps in the evolution of human cooperation: The interdependence hypothesis. *Current Anthropology,* 53, 673-692.
Trivers, R. L. 1971 The evolution of reciprocal altruism. *Quarterly Review of Biology,* 46, 35-57.
Vohs, K. D., Mead, N. L., & Goode, M. R. 2006 The psychological consequences of money. *Science,* 314, 1154-1156.
Wiltermuth, S. S., & Heath, C. 2009 Synchrony and cooperation. *Psychological Science,* 20, 1-5.

IV

これからの時代の自己・アイデンティティ

終章
現代社会におけるアイデンティティ
マルチな在り方と新たな統合の道と

梶田叡一

1．自己概念・自己物語・アイデンティティ

　人は，自分自身についての認識を概念化した自己概念を，自己のさまざまな面について持っている。例えば私自身の場合で言うなら，社会的には若い時から長い年月，大学という教育機関で教えたり運営に関わったりしてきた「大学人」であり，教育委員会や文部科学省（文部省）の各種委員会や審議会などを通じて教育行政に関わりを持ってきた「教育行政関与者」であり，ここ10年余りは２つの学校法人の理事長として「私立学校経営者」もやり，家庭的には妻に対しては「夫」，娘と息子に対しては「父親」，5人の孫に対しては「おじいさん」をやってきている。また私的個人的には心理学や哲学や宗教について，またそれらと教育との関わりについて，若い時から機会があれば本を読み，見聞や議論の機会を持ち，考え，文章に綴って発表し，その反応をまた受け止めて考える，といった「研究者（認識者）」である。宗教的には家族親族をあげて「カトリック」に属し，個人的には，イエスのメッセージを基盤として生きたいと願う「イエス主義者」である。さらには，時に外国に行くことがあれば否応なく自分が「日本人」であることを意識させられるし，性別としては「男」，現在の年齢からすれば「高齢者」である。もちろんこの他にも，自分の性格的なことや外見・風貌，過去から積み重なってきた出来事などに関連した種々の自己概念を持っている。

　この自己概念は，その時その場で自分自身について気付いたこと，他の人から自分自身について言われたこと，自分の住んでいる社会で自分自身がどのようなカテゴリーに分類されているかに関わる経験などが徐々に結晶化し，一定の概念の形で意味づけられたものである。こうした形で成立した数多くの自己

終章　現代社会におけるアイデンティティ

概念は、いわば自分自身に対して自分で貼りつけているレッテルであり、これらのレッテルが相互関連的に組み合わさった形で全体的な自己イメージが構成され、自分自身をめぐる一つの自己物語として構造化されている。

そうしたレッテル群＝自己概念群の中から何か一つが顕著な形で浮かび上がり、「結局のところ私は○○なのだ」と、自己物語の全体を貫き、自己意識に基本的な意味付けを与えるものになるならば、それこそまさにアイデンティティと呼ぶべきものである。このアイデンティティこそ、自分自身の自信やプライド、あるいは劣等感といった自尊意識の土台となり、「私は自分が○○であることを大切に生きる」といった形で、その時その場で自分の在り方に基本的な意味を与えてくれるものとなる。私自身の場合そうしたアイデンティティを持っているのか、と問われるならば、「研究者（認識者）」がそれに近いものかな、と考えたりしないではない。しかし同時に、現在の私の心境としては、後で述べる「志としてのアイデンティティ」を私自身が持つに至っているかどうか自問自答しなくてはならないという気持ちが強くある。また「一つの生命存在としての自覚」といった「本来の自己」に落ち着くところにまで、自己についての基本認識を深めていけるかどうか自己吟味を重ねているところでもある。

こうした自己概念やアイデンティティが、個々人の意識世界で、自分がどういう場でどのように振る舞えばよいか、ということを規定している。自己概念が、そしてアイデンティティが、その時その場で基本的な準拠枠（フレーム・オブ・リファレンス）となり、そこでの社会的文脈における自分自身の振る舞いが、自他に対して適切妥当なものとなるよう導くものになっているのである。

これと同時に、個々人を取り巻く対人的社会的世界では、その人の氏名に付随してイメージされる終始一貫したその人の基本的意味付けがあり、それが概念化され、その人に貼り付けられたレッテルとして共有されていることが多い。これは多くの場合その人の属性とか所属とか出自とか個人的過去といったことから貼りつけられたものであり、「誰々さんは、結局のところ○○なんだ」というレッテルである。こうしたレッテルはステレオタイプ的含意を持ち、その人と何らかの関わりを持とうとする人は、その人に貼り付けられた社会的レッテルを手掛かりとし、そこから引き起こされるステレオタイプ的イメージを基盤とし枠組みとして、その人と関わっていこうとすることになる。こうした社

会的アイデンティティとでも呼ぶべきものが，周囲の人達とのコミュニケーションを通じてその人自身に伝えられていき，それがその人の自分自身に対するレッテル＝自己概念を形作っていくことも少なくない。「私はまさに〇〇である」と自分自身に対し貼り付けているレッテルが，実際には「周囲の皆が私を〇〇として見て，そう扱っている」という社会的レッテルを反映したものである場合が多いのである。従来，多くの人のアイデンティティの在り方が「位置付けのアイデンティティ」という言葉で語られてきたのは，極めて個人的なアイデンティティの基盤に，その人の社会的ネットワークから与えられた位置付けと意味付けが存在している，といった事情があるからである。

2. 「自立した個」を基本とする現代社会でのアイデンティティの在り方とは

さて，現代は個の自立が否応なく求められている時代である。所属する社会や集団・組織の一員としての判断や行動に縛られるのではなく，個としての自己選択・自己決定と自己責任が基本原理として求められる時代である。そうした現代社会における人々のアイデンティティの基本的な在り方とは，いったいどのようなものなのであろうか。何よりもまず，今ここで見てきたような「位置付けのアイデンティティ」という性格が揺らいでこざるを得ないのではないだろうか。

現代人のアイデンティティの在り方の特質は，今とは違って社会的階層が固定し，人々の関係が固い伝統の上に立つ因習性の強いものであり，常時「分」に応じた言動を求められていた江戸時代の人達が持っていたアイデンティティの在り方と対比してみることによって容易に理解できるであろう。例えば当時の武士階級の男性は，身分の上下を問わず，「武士道」という言葉で強調されたように，どのような場においても「武士」としての自覚を持ち，それに相応しい言動をとることが当然とされていた。この良い例は，佐賀の鍋島藩を中心に「鍋島論語」とも呼ばれて尊重されてきた『葉隠』の内容に如実にうかがわれるであろう[注1]。これは老武士山本常朝が若い侍たちに話したことの聞き書きであるが，ここには武士たるものの心得と出処進退が諄々と説かれており，「自分は武士である」というアイデンティティが，日常生活の各場面での言動

終章　現代社会におけるアイデンティティ

から生涯にわたっての生き方までを規定している様を見てとることができる。

　江戸時代の社会においては同様に，例えば林羅山を代表格とする体制側知識人「儒者」の場合にもうかがえる。彼らは服装から言動まで，常時「儒者」としての自覚を持ち，それに相応しい生活の在り方をすることが求められたのである。また，松尾芭蕉とその門人達は「俳人」として生きることを自分自身に課してきたわけである。そして商家に生きる人達は「商人」としての修業に，丁稚や手代は丁稚や手代らしい生活の仕方をしながら，番頭や旦那は番頭や旦那らしい生活の仕方をしながら，いそしむことが求められてきたわけである。農民の場合もまた基本的には同様に，自分が「農民」であることの自覚と，それに基づく日々の勤労が，季節季節に応じた形で求められていた。江戸時代の人々は，その時その場の社会的文脈を超えた形で「自分自身は何者であるか」という自覚を持ち，それを基盤として生きることを求められ，またそれを当然のこととしてきたのである。一部の人にとっては早々と社会的に引退して御隠居になったり，家を出て隠者となったりするという形で因習的ないき方から解放される道もなかったわけではないが……。

　江戸時代の人達は，まさに典型的な形で社会的アイデンティティ＝自己アイデンティティを生きていたといってよい。こうしたアイデンティティの在り方は，基本的には明治維新を経ても廃れることなく，敗戦に至る昭和前期にも見られたのではないだろうか。しかしながら現代社会では，常住坐臥を一定の社会的アイデンティティ＝自己アイデンティティで律するなどということは考え難くなっている。何よりもまず現代社会は流動的であって，役割構造そのものが常に改編されていくと同時に，個々人を生涯にわたって一定の役割に縛り付けるものではなくなっている。転職が珍しくないだけでなく，組織そのものも出来たり潰れたり，吸収されたり合併したり，内部構造の抜本的変化があったり，と必ずしも永続性を信頼することはできない。また高齢になるまで人々が生きるようになったため，社会的所属や役割を定年や引退で返上した後に，いわば余生として生きていく年月が長くなっている。江戸時代では例外的存在であった御隠居や隠者の人達が現代社会では大きな比重を持つ社会的構成要素となっており，また社会的所属と役割が比較的明確な若い人の場合であっても，自分自身の行く末の問題として，長期にわたる無所属無役割の時期を如

Ⅳ　これからの時代の自己・アイデンティティ

何に生きるかを頭のどこかに置かなくてはならなくなっているのである。

　こうした事情のため，現代社会では「私は〇〇としての生涯を送る」という意識ではなく，基本的には「今の私としては一応〇〇として」という意識で生きていかざるを得なくなっているのではないだろうか。さらには，社会が複雑化し流動化しているため，「今」の自分自身が所属している場も，そこでの役割も，1つや2つではなくなっている。したがって，その時その場の社会的文脈に応じて自分を規定し，自分自身をそこに最も適合する形で社会的に提示する，というのが普通になってきているのではないだろうか。

　例えば「政治家」のことを考えてみよう。以前なら「井戸塀」（政界で私財を注ぎ込んで公的世界のために奔走し，気がついたら自分の屋敷に井戸と塀しか残っていない）と言われたように，自分自身の全財産をなげうってでも自らの社会的理想を追求する，といった在り方がモデルとされ，そうした在り方を基本的に踏み行う存在としての「政治家」がイメージされていたであろう。したがって「自分は政治家である」というアイデンティティを持つならば，当然のこととして，自分の全財産を傾けるところまで政治的活動に奔走しなくてはならない，ということになったわけである。しかしながら現代社会では，当人も周囲の人も含め，誰一人そんなことまで政治家に求めてはいない。国会や地方議会に席を持つ政治家が，社会の在り方を自分の持つ理想の方向に向けて改善改革していく，という言葉を公の場でいくら口にしていたとしても，その目的を実現するために常住坐臥努力しているなどとは現代人の誰一人考えないであろう。その時その場での個人的利得を求めて様々な顔を人々に見せ，必要に応じて自分の政治的影響力を誇示する，といった形で自分の〇〇議員としての社会的立場を個人的に活用しているのでは，というイメージで見ている人が圧倒的に多いのではないだろうか。

　柔軟で流動的で複雑化した役割構造を持つ現代社会では，その時その場の社会的文脈の中で，自分の気持ちに沿って，また自分の利害得失に沿って，そこでの自分の基本的在り方を表現する，といったカメレオン的在り方が多かれ少なかれ現代人には見られるのである。言い換えれば，常住坐臥，自分自身の基本的な在り方として自分で大事にしているもの（基本的自己規定としてのアイデンティティ）に相応しくありたいという超文脈的な自己定義を多くの人は持

っていないのである。例えば教師であるとか警察官であるとか○○会社の社員であるとかいったことも，基本的な自己規定（アイデンティティ）であるというより，何をやってどこから基本的な収入を得ているか，ということを示すものであることが少なくない。言い換えるなら，期待された役割を期待されている場では果たしていくとしても，それをそのまま自分自身の常住坐臥を律する基本的な自己定義としては必ずしも考えていない，というのが現代社会なのである。

3.「位置付けのアイデンティティ」から「宣言としてのアイデンティティ」への転換

　このように現代社会では，外的に与えられた社会的レッテルとその一般的含意が，直接的な形でその人の中核的な自己概念としてのアイデンティティとなるわけではない。自己選択・自己決定と自己責任を原理とする生き方をしようとするならば，その時その場でその人の行動や判断の仕方を支える個々の自己概念も，さらには超文脈的な形でその人の基本的な在り方を規定していく自己定義としてのアイデンティティも，外部から与えられたものをそのまま自分に当てはめるということでなく，外部から与えられたものを土台としながらも自分自身がそこから選び取ったもの，自分自身がそこから構成したもの，という形をとらざるを得なくなるのである。言い換えるなら，基本的には外的社会的定義に基づく「位置付けのアイデンティティ」をそのまま自分自身のものとして受け入れることが困難となり，自己なりの自己定義を構成し続ける中でその時その場での暫定的な自己規定を行い，周囲にもそれを認めさせ受け入れさせたいとする「宣言としてのアイデンティティ」の色彩の強いものにならざるを得ないのではないだろうか。

　例えば「女性」とか「男性」という社会的レッテルと，それに基づくジェンダー・アイデンティティの現代的様相を考えてみるだけでも，その辺の事情を理解することができるであろう。性別として「女性」に生まれ育ってきた人は，自分が「男性」でなく「女性」であることを否応なく認識させられていく（「女性」という自己概念を持つ）と同時に，自分の生きている社会が「女性」に対して与えてきた暗黙の期待が自分自身に対しても突きつけられていること

Ⅳ　これからの時代の自己・アイデンティティ

を意識せざるを得なくなる。少なくとも明治以降の近代日本社会では、「女性」は成人したら結婚し、外で働くのでなく家に留まって家事や育児を担当する役割を果たすべきであり、それによって外で働いて収入を得てくる「男性」に安らぎの家庭を提供する、という「内助の功」が期待されてきた。現代社会においても、そうした伝統的な社会的期待は「自分が女性である」という自己概念を持つ人に対して、多かれ少なかれ不断の社会的圧力として突きつけられていると言ってよい。しかしながら、自己選択・自己決定と自己責任を原理とした生き方を尊重する現代社会の流れから言えば、「女性だから」という暗黙の社会的期待は、「女性」という自己概念を持つ人に対して必ずしも決定的な影響力を持つわけではない。「女性」が社会的に進出し、社会で責任ある役割を果たしていくことも当然の選択肢となっている現代社会においては、家事と育児も「女性」だけに必然的に突きつけられる役割ではなくなっており、伴侶の「男性」と分担していくべきものという考え方が広まっている。さらには、料理や洗濯・掃除の外注や保育所の整備等といった社会的措置によって「女性」に掛けられがちな家事や育児の担当という役割期待を代替すべき、という考え方も強くなっている。こうした中で、「女性」だから結婚して家庭を持ち、子供を産んで育てるのが当然、という考え方に対しても「ノー」を突きつけ、非婚を選択する女性も現実に増えてきているのである。そうすると、自分は「女性」であるという自己概念なりアイデンティティなりを持ったとしても、その自己概念なりアイデンティティから導かれてくるその人の行動様式や生き方は、個々人によって自己選択・自己決定され、自己責任において決められていくものになると言ってよい。したがって「女性」という自己認識・自己概念を持っているとしても、そこから導かれてくるものの具体的内実は極めて多様な形をとることにならざるを得ない。もはや「貴方は女性でしょ、そのことをよく自覚して、世の中が女性に期待するところを貴女も身に付け、貴女の生き方としてやっていきなさい」といった形で迫ってくる暗黙の社会的期待を忠実に受け止め、それを反映した「位置付けのアイデンティティ」に留まることは不可能になっていると言ってよいであろう。自分自身が「女性」であることの特性を踏まえて（例えば「新たな生命を胎内で育て誕生させる」という「男性」にはできない可能性を持つことの認識を持った上で）、どのような自己選択・自己

決定をし，その結果としてどのような生き方をするかを自分自身で決め，自分の周囲に対して，さらには社会に対して，そういう自分の在り方を押し出していく（＝「宣言としてのアイデンティティ」），ということをやっていかざるを得ないのである。

4. 一元的ペルソナ＝一元的アイデンティティから多面的ペルソナ，あるいは多元的アイデンティティへの転換

　現代はまた，誰もが数多くの「顔」を持ち，多様な形で社会参加をするのが当然という社会になっている。したがって，時と場によって，また対する人によって，自分の持っているどの「顔」を表に出すべきか，自分自身を「何者」としてそこで振る舞わせるか，多かれ少なかれ変えていかざるを得なくなっている。周囲からも，こうした時・場においては「自分は○○だ」といった固定した自己意識に縛られないで，基本的にこうした対応をした方がよい，といった暗黙の期待が寄せられていることもある。また自分自身としても，「自分は○○だ」という自己意識に常時縛られるということでなく，臨機応変に柔軟な在り方をとることが望ましい，と感じる場合も少なくないであろう。この意味において現代社会は，多面的ペルソナないし多元的アイデンティティが前提となっていると考えてよいのではないだろうか。

　例えば，小学校で教員を務めるある男性は，勤務している学校に行けば教師という「顔」をし，その「立場」に立脚して児童や同僚教師に対応しているであろう。しかし夜間に通っている大学院に行けば，昼間は様々な「顔」を持って活動している他の社会人院生に立ち交じって，指導教官の指導を受け，院生の「立場」で行動することになる。そして，自宅に帰れば妻に対しては夫として，子ども達に対しては父親として振る舞うことになるであろう。さらに週に一度はお茶のお稽古に通い，時々はお茶会にも参加することによって，自分の茶道に掛ける気持ちを深めていこうとしているかもしれない。こうした様々な「顔」を持ち，またそれに伴う多様な「立場」に立って，一人の人が生活しているという場合，それぞれの時・場における「顔」なり「立場」なりは，まさにオルポート（Allport, G. W.）やユング（Jung, C. G.）が言う意味での「ペルソナ」，つまり社会的仮面であると言ってよいであろう。

Ⅳ これからの時代の自己・アイデンティティ

　この「ペルソナ」は，必ずしもその人のアイデンティティと同等の意味を持つわけではない。先に例として挙げた小学校教員の場合であるなら，大学院の院生として振る舞っている時に，夫や親として振る舞っている時に，またお茶の愛好者として振る舞っている時に，「自分はそもそもは小学校の教師だ」という彼の自己意識がどこかに透けて見えるならば，彼の「アイデンティティ」はやはり教師なのであって，それを下敷きにしながらそれぞれの場での「顔」や「立場」をこなしている，ということになる。この場合には多面的ペルソナは持つとしても，必ずしも多元的アイデンティティを持つということではないのである。しかしながら，この彼が大学院で自分の研究に没頭している時には，あるいは他の院生や指導教官と研究上のことで協同作業したり議論をしたりしている時には，昼間は教師という仕事をしているということは頭にないといった場合には，また家庭で夫や親として振る舞っている時には外で教師という仕事をやってることは棚上げにし，家庭人としての在り方に徹したいとしているといった場合には，多面的ペルソナと言うより多元的アイデンティティを持つと言った方が適切ではないだろうか。

　人の内面世界と外的世界との関わりを，
　［内的（本源的）自己］⇔［意識世界］⇔［提示された自己］⇔［社会的な期待・価値体系］

として考えてみるならば[注2]，「アイデンティティ」は，基本的に，［意識世界］⇔［提示された自己］の問題であるのに対し，「ペルソナ」は［提示された自己］⇔［社会的な期待・価値体系］に関わる問題なのである。もちろん「アイデンティティ」と「ペルソナ」とが常に区別されるわけではない。「アイデンティティ」に基づく「ペルソナ」といった在り方は，当然のことながらごく自然な姿であると言ってよい。また，先にも触れたように，どのような「場」に行ってどのような「顔」をしても，その下に何か一定の自己意識が透けて見える，といった「肉付きの仮面」の域に至るならば，つまり［意識世界］をも十分に巻き込んだ「顔」ないし「仮面」が時や場を超えて持続するものになっているならば，これは各種「ペルソナ」の基盤として一つの基本的「アイデンティティ」が存在する，という在り方と言ってよい。ただし現代社会では，何か一つの「アイデンティティ」を持つということ自体が，実際には極めて稀なこ

とのように思われるのであるが……。

5. 現代社会における「志としてのアイデンティティ」の可能性

　こうした自己選択・自己決定を尊重する社会において，数多くの「顔」を持って臨機応変に生きていこうとする場合，自分自身のあらゆる言動を，生活のあらゆる場で，常住坐臥を律していく基本的準拠枠（フレーム・オブ・リファレンス）として，単一の「アイデンティティ」を持つということ自体が非常に困難になっている。もちろん，この場合の「アイデンティティ」とは，社会的な所属なりレッテルなりの内面化による伝統的なもの，つまり「位置付けのアイデンティティ」のことになるが。しかしながら，例えごく少数でしかないとしても，数多くの「顔」なり「ペルソナ」なりの基盤に，何か特定の「アイデンティティ」を持つ，という人は現代社会においても存在しうるであろうし，また現実にそういうふうに見てとれる人がいないわけではないであろう。

　例えば宮沢賢治（1896〜1933）のことを考えてみたい。賢治は今では『銀河鉄道の夜』や『注文の多い料理店』などの作品で有名であるが，生存中は無名とも言ってよい存在であった。賢治は農業指導者として農村を回り，時には教師を務め，そして誰にも認められない童話を書き続け，若くして亡くなっている。しかし，宮沢賢治のこうした幾つかの「顔」を貫く「志」を，彼は赤裸々に自分の個人ノートに書き留めているのである。彼の死後それが発見され，一編の詩として，「雨ニモマケズ」という冒頭のフレーズがあたかもその題名であるかのように受け止められ，多くの人に知られるに至っている。しかし，賢治の「雨ニモマケズ」は，彼にとっては必ずしも作品でなく（他の詩は何度も推敲や改変をしているが「雨ニモマケズ」にはそれがない），自分自身の「かくありたい」という気持ちを表現した，いわば私的な呟きである。そこでは，自分自身の行動が「デクノボウ」と人々の目に映ること（社会的アイデンティティ）が祈願されており，その「デクノボウ」的な社会的在り方への志向性は，彼の「自己アイデンティティ」としての「法華経の行者＝無私の形で人々のために徹底的に尽くす存在」に基づくものであるとされている。つまり，彼は「志としてのアイデンティティ」を明確な形で持っていたと思われるのである。その時々の「ペルソナ」として多様な「顔」を持っていたとしても，そ

IV これからの時代の自己・アイデンティティ

れを貫く赤い糸としての，言い換えるなら共通底音としての「志」を，「法華経の行者」という形で常に堅持したい，としていたのである。この「志」が賢治の基本的準拠枠となっていたわけであり，多様な時・場における自己の言動を貫いていってほしい，と賢治が切に願っていたところなのである。そして賢治は，童話や詩の形で，そうした自分の「志」を社会に対しても宣言し，自分なりに実践しようとしていたのである。

　現代社会に生きる人としては，宮沢賢治と同じように自己固有の「志としてのアイデンティティ」を大事にする人として，文化勲章も受けた著述家である梅原猛（1925～）のことが私の頭に浮かぶ。彼は大学の教師をし，若い時から多様な文章を新聞や雑誌に発表してきた人であり，公立大学の学長も経験している。50年前，学生であった私は居住していた学生寮の前の小さな家に住んでおられた梅原猛先生とよく出会って話す機会を持ったが，その折にはニーチェの思想を中心に研究しておられた，という印象がある。梅原猛という名前が世間に広く知られたのは，聖徳太子と法隆寺との関係を論じた『隠された十字架』（新潮社，1981年刊）がベストセラーになったことによる。それ以降，柿本人麻呂論や出雲朝廷論など様々な形で日本の古代史に関する著述をし，歴史学の分野にも深く切り込んできた人である。また彼には仏教に関する優れた著作も数々ある。多くの分野で才能を発揮され独自の思想を展開してこられた人であるが，彼は一貫して「哲学者」を名乗っている。様々なテーマについての著述は，自分自身が「哲学する」ことのその時々の表現でしかないということなのである。梅原猛の「志としてのアイデンティティ」がここに明瞭にうかがえると同時に，社会に向けての彼自身の「宣言としてのアイデンティティ」もここにまた明白な形で表明されていると言ってよいであろう。

　こうした「志としてのアイデンティティ」は，親鸞の場合には非僧非俗の「愚禿」として表明されていた，ということもまた思い起こされるところである。

6．「本来の自己としてのアイデンティティ」の自覚へ

　さて，流動的な現代社会において，そして自己選択・自己決定を原理とする個の自立が求められる中で，「志としてのアイデンティティ」とは異なった形

でのアイデンティティの在り方の可能性が，もう一つ考えられないではない。これは，「本来の自己は」といった形で自分自身の根源的で究極的な在り方を探究していく中で得られる自己規定の仕方である。こうした形でのアイデンティティ探究が，我が国でも，また欧米でも，一部に見られるようになってきているのである。

　従来の欧米的自我確立は，自分自身が社会的にどのようなレッテルを背負って生きるかに関わる自覚と決意，という意味合いの強いものであった。そこでは，「意識世界の中での筋道を立てた自己定義の追求」というロゴス中心的（意識世界での理性中心的）なアイデンティティの探究が課題とならざるを得なかったと言ってよい。例えばその典型例をエリクソンのアイデンティティ論を自分なりに定式化しようとしたマーシャ（Marcia, 1966）の考え方にうかがうことができるであろう。

　ここでは，以下に示すような形で，4種のアイデンティティ・ステイタス（アイデンティティ確立過程での基本的ステップ）が区別される。ここで問題とされるのは，「危機（crisis）」（本当の私って？／自分は何になるべき？／自分はどうあるべき？といった悩み）の有無と，職業・宗教・政治の面での関与（commitment）があるかどうか（そのレッテルを自分自身のものとして本当に引き受けるのか）である。これを面接を通じて個々人につき判断していこうとするわけである。

（1）アイデンティティ確立（identity achievement）
　　　crisis の時期を経験し，職業・宗教・政治の面で特定の commitment を持つ。
（2a）モラトリアム（猶予）［猶予＝大事なこととの認識はあるが先送り］（moratorium）
　　　crisis 的な経験はあるが，職業・宗教・政治の面での commitment を先送りしている。
（2b）埋没［抵当流れ＝日々のことに追われるまま時間が経過］（foreclosure）
　　　crisis の経験もなく，職業・宗教・政治の面で特定の commitment の表明もない。
（3）アイデンティティ拡散［自分自身に関する意識の焦点化がない］

Ⅳ　これからの時代の自己・アイデンティティ

（identity-diffusion）
　crisis の時期を経験している場合もそうでない場合もあるが，職業・宗教・政治の面で特定の commitment を持つに至っていない。

　こうした形でのアイデンティティ確立は，社会的な意味での「私探し」であり，その社会に自分自身はどのように嵌(はま)り込んでいったらいいか，ということを明確化しようとする営みである。これに対して日本的な（あるいはアジア的な）自我確立の仕方の根本には，「自分自身の根っこを意識下の本源的な世界＝実感・納得・本音として現象する世界＝に深く降ろす」ことの追求がある。自分にピンとくるもの，ワクワクするものといった実感世界に，「その通り！」と自分が心から納得できる世界に気付き，それを大切な基盤として全てを考え，それを概念化して自己の本音として堅持してやっていこうという志向であろう。これは「超ロゴス的」な行き方であり，言い換えるなら意識世界と意識下の世界の双方を包含する全体的内面世界が参与する全人格的な行き方である。そうした行き方の行き着く先は，自分自身を社会的存在としての自己定義から解放し，さらには家庭といった私的空間における位置からも，また私的個人的な「志」からも解放して，自分自身に与えられた生命を，与えられた環境で十分に味わいながら，精一杯生きていこうとしている自分自身（これまでもそう生きてきたし今後も命尽きるまでそう生きていく私）として自覚していくことではないだろうか。概念化するならば，例えば「生命エネルギーとしての自己」という自覚にもなるかもしれない。また，座禅や念仏を通じて，あるいは観想や黙想を通じて，自己の本来の姿が「空」であるとか「無常」であるとか「神の子」であるとか，といった自覚に導かれる，というものになるかもしれないであろう。こうした自覚が自己物語の全体を貫くものとなるならば，そして自分自身の多様な自己概念群を最も基盤において支えるものとなるならば，これこそ究極のアイデンティティと考えることも可能ではないだろうか。

　現代社会は自己選択・自己決定を原理とし，個の自立を当然のこととして志向するが故に，人々の間の連帯が薄れ，一人一人が孤立化していく恐れが常につきまとう。こうした中でロゴス中心的に脱個人主義を目指し，他の人との間で「互いの違いを違いとして認め合いながら相互理解を深める」という形で

の新たな連帯志向も顕著となっている。これを個々人の内面の深いところから，できれば体験を通じて追求していこうというのが，こうした「本来の自己」を問題とする動きであると言ってよい。鈴木大拙の禅思想がアメリカを中心にもてはやされたり，ヨーロッパの主要都市には必ずと言ってよいほど禅センターができているといった状況は，こうした志向の具体的現れと言ってよいであろう。これと関連して「神と一致するために神を捨てる」等といった逆説的言明で知られるエックハルトを始めとするドイツ神秘主義の見直しが欧米で行われていることも，見過ごせない動きである[注3]。

いずれにせよ，自己選択・自己決定を原理とする個人主義は，この原理そのものを弱めることによって人々の間に連帯を実現していくという方向でなく，個々人の自己選択・自己決定の深部にある基盤的部分にまでの掘り下げをしていくことによって，他の人との間の共感と慈愛を体験・実感し，それを土台として全人格的な連帯を実現していこうという方向で発展させられていくべきではないだろうか。

現代社会におけるアイデンティティの在り方の問題は，こうした根本的地点からも考えてみるべき時期にきているように思われてならない。

現代人の自己概念やアイデンティティは，単に多面的多元的であるだけでなく，基本的に多層的な形をとっている。もはや単純な形での自己定義，自己規定の問題としてアイデンティティの問題を考えることができない，というのが現代社会に生きる我々の実際の在り方ではないだろうか。自己物語という形で全体的自己イメージの構造連関を問題にする視点が浮上してきたのも，こうした状況と大きく関係しているように思われてならないのである。

注1 例えば，梶田叡一『和魂ルネッサンス』(あすとろ出版，2009 年 [ERP, 2015]) の第10章「山本常朝の『葉隠』と武士道精神」を参照。
注2 例えば，梶田叡一『内面性の心理学』(大日本図書，1991 年) や，梶田叡一『人間教育のために』(金子書房，2016 年) の幾つかの章で，こうした個人の心理的生命的世界と外的な対人的社会的世界との関わりについて，図解を試みながら論じている。
注3 例えば，佐藤研『禅キリスト教の誕生』(岩波書店，2007 年) などを参照されたい。

Ⅳ　これからの時代の自己・アイデンティティ

参考文献

Marcia, J. E.　1966　Development and validation of ego-identity status. *Journal of Personality and Social Psychology*, vol. 3, no. 5, 551-558.
梶田叡一　1998　意識としての自己：自己意識研究序説　金子書房
梶田叡一　2008　自己を生きるという意識：〈我の世界〉と実存的自己意識　金子書房
梶田叡一　2012　プロテウス的人間あるいは多元的アイデンティティ：「あとがき」に代えて　梶田叡一・溝上慎一（編）自己の心理学を学ぶ人のために　世界思想社．pp. 227-237.

人名索引（ABC順）

● A
安達智子（Adachi, T.） 62
穴田義孝 11, 13
浅野智彦 101
アウビン（Aubin, E. S.） 48

● B
バー（Baer, R. A.） 110
バンデューラ（Bandura, A.） 8
バーンズ（Barnes, S.） 121
バウマン（Bauman, Z.） 90, 93
ベック（Beck, U.） 91, 94
ビア（Beer, J. S.） 120
ベム（Bem, S. L.） 59
バーマン（Berman, S. L.） 34, 36
ブロス（Blos, P.） 22, 25
ブリントン（Brinton, M.） 93
ブラウン（Brown, R. W.） 110, 111
ブルーナー（Bruner, J. S.） 141
ブライアント（Bryant, G.） 64
バーン（Burn, S. M.） 61
バトラー（Butler, R. N.） 82

● C
コテ（Côté, J.） 26, 29, 34, 36, 96

● D
ダマシオ（Damasio, A.） 162
デシ（Deci, E. L.） 8
デカルト（Descartes, R.） 5, 6
土井隆義 16

● E
エリクソン（Erikson, E. H.） 7, 24, 25, 26, 27, 28, 47, 48, 53, 73, 89, 90, 95, 96, 97, 102, 103, 104
エヴァンス（Evans, D. R.） 113

● F
ファレル（Farrell, W.） 65
フェニグスタイン（Fenigstein, A.） 111
フィバッシュ（Fivush, R.） 75
フランクル（Frankl, V. E.） 135
フロイト（Freud, A.） 25

● G
ガーゲン（Gergen, K. J.） 28
ギデンズ（Giddens, A.） 91, 94

● H
ホール（Hall, G. S.） 22, 23
浜口恵俊 12
濱口桂一郎 93, 96
ハルトマン（Hartman, H.） 7, 25
林 健太郎 6
平仲 唯 120
平野啓一郎 103
ヒロカワ（Hirokawa, K.） 60, 68
ホッブズ（Hobbes, T.） 144, 163
ホームズ（Holmes, J.） 81
ホン（Hong, G. C.） 68
ヒューム（Hume, D.） 144, 154, 155

187

● I
一番ヶ瀬康子　13
池田恵利子　11
今井章子　14
井上健治　24
岩本華子　9

● K
カバットジン（Kabat-Zinn, J.）　109
金井嘉彦　58
カント（Kant, I.）　6
加藤知可子　60
桂 広介　24
川口有美子　103
河合隼雄　11, 14, 129
カーニス（Kernis, M. H.）　118
北村晴朗　7
木谷智子　44
クローガー（Kroger, J.）　34
空閑浩人　11, 12, 13
栗原 彬　97
黒川由紀子　82

● L
リフトン（Lifton, R. J.）　28, 30, 131, 132, 133, 135, 139, 141, 142

● M
マーラー（Mahler, M. S.）　22
マーシャ（Marcia, J. E.）　28, 29, 30, 183
丸山眞男　17
マクアダムス（McAdams, D. P.）　48, 73
ミード（Mead, G. H.）　86, 87, 88
メウス（Meeus, W.）　22
宮川知彰　24

宮沢賢治　181, 182
溝上慎一　21, 34, 35, 104
森岡正芳　133, 134, 135
村上春樹　129, 130
村瀬 学　29

● N
ニーミエック（Niemiec, C. P.）　122
西田幾多郎　161
西平直喜　24
西平 直　77
野村晴夫　76, 79

● O
オオイシ（Oishi, S.）　65
岡本祐子　42, 43, 44, 49, 50, 51
小此木啓吾　97
大野更紗　103

● p
ポーキングホーン（Polkinghorne, D. E.）　73

● R
ラトリフ（Ratliff, K. A.）　65
リクール（Ricoeur, P.）　73
リースマン（Riesman, D.）　90, 97, 98
リグビィ（Rigby, C. S.）　118, 119, 121
ロビンス（Robins, R. W.）　120
ロジャーズ（Rogers, C. R.）　130, 131, 141
ライアン（Ryan, R. M.）　110, 111, 114, 118, 119, 121

● S
シーガル（Segal, Z. V.）　110

シャヒター（Schachter, E. P.） 29, 32
シュワルツ（Schwartz, S.） 33, 35
セネット（Sennett, R.） 95
シュプランガー（Spranger, E.） 23
杉村和美（Sugimura, K.） 22, 34, 35

● T
鑪 幹八郎 10, 12, 14, 15
トマセロ（Tomasello, M.） 152
辻 大介 44
都筑 学 23

● U
梅原 猛 182

魚川祐司 115, 117, 123

● W
ヴァインスタイン（Weinstein, N.） 120, 121
ウエスト（West, C.） 67

● Y
やまだようこ 74
山折哲雄 45, 46

● Z
ジマーマン（Zimmerman, D. H.） 67

事項索引 (50音順)

● あ 行

アイデンティティ　42, 43, 44, 46, 48, 173, 174, 176, 177, 178, 179, 180, 181, 182, 183, 184, 185
アイデンティティ拡散　44
アイデンティティ資本論　34
アイデンティティ・ステイタス　183
アイデンティティ・ステイタス・アプローチ　30
アイデンティティ達成　44, 55
アイデンティティの感覚　25
アイデンティティの危機　43
アイデンティティの継承　42, 54
アイデンティティの世代継承　47
アイデンティティの二重形成プロセス　31
アイデンティティ・ホライズン　36
アタッチメント　147, 148
アモルファス構造　12, 13, 14, 16
アモルフ的自我　13, 14, 15

意識の一人称性　161, 162
一元的アイデンティティ　179
一元的ペルソナ　179
位置付けのアイデンティティ　174, 177, 178, 181
一者的世界　15
一般化された他者　89
畏怖　159, 160, 161
意味づけ　73, 74, 76, 80, 82

ウェルビーイングの自律　35

エピゲノム　157, 158
縁起　116

オキシトシン　147, 148, 149, 150, 151, 154, 157
思いやり　144, 145, 147, 152, 153, 154, 155, 158

● か 行

外集団　146, 147, 151, 155, 161
回想法　81, 82
外部指向　90, 97
我具足　123
過剰適応　15
語り　73, 74, 75, 76, 77, 78, 79, 80, 81, 82
語りの構造　75, 76, 77
学校から仕事へのトランジション　35
ガラスの地下室　64, 65
ガラスの天井　64, 65
関係性　43, 46, 48, 49, 54

基礎づけ（グラウンディング grounding）　132, 133, 135
気づき　109, 110, 113, 122
基本的な準拠枠（フレーム・オブ・リファレンス）　173
客我　12
脅威管理理論　119
共感　144, 145, 147, 151, 152, 154, 155
共感的配慮　144, 145, 147, 151

協力行動　152, 153, 154, 155

苦　115, 116
グローバリゼーション　91, 92
クロスジェンダー　61

契約　11, 15
ケータイ・ネット依存　45

行為主体　4, 5
公的自己意識　111, 113
高度情報化社会　44, 46, 54
高齢化　71, 72
志としてのアイデンティティ　173, 181, 182
個人主義的な集団主義　35
個体発達分化の図式　47, 48, 49
『孤独な群衆』　90
個の確立　43
コホート　83
コミュニケーション力　45
ゴムの手錯覚　155, 161
コルチゾール　150, 157
根源的統制不可能性　158

●さ　行
再帰的近代　91
sati（サティ）　108, 109
三相　115, 117
三毒　115, 121

ジェンダー　58, 59, 60, 61, 66, 67
ジェンダー・アイデンティティ　177
ジェンダー規範　58, 59, 61, 68
ジェンダー・ステレオタイプ　62, 63
自我　7, 10, 11, 12, 16, 17, 89, 96, 103
自我アイデンティティ　25, 90
自我心理学　22, 25
自我体験　23
自我の発見　22, 23, 24
自己　7, 8, 9, 10, 11, 14, 15, 16, 17
自己アイデンティティ　25, 175, 181
自己意識　111, 113, 114
自己概念　160, 163, 172, 173, 174, 177, 178, 184, 185
自己観　10
自己感覚　45
自己形成パラダイム　132
自己決定主義　34
自己決定理論　118
自己効力　62, 63
自己主体感　161
自己定義　21, 24, 25, 26, 27, 28, 29, 30, 31, 32, 33, 36, 37
自己と体験の一致　131
自己内省　111, 113
自己プロセス（self-process）　133
自己本位性脅威モデル　119, 120
自己物語　173, 184, 185
自己理論　131
私生活主義　34
自尊感情　23, 24, 65, 66, 118, 119, 120, 121
実践行為の文脈（contexts of practices）　141
実体　6
疾風怒濤　22, 23
師弟関係　45, 46, 53, 54, 55
私的自己意識　111, 113
死の顕在化　119

シャーデンフロイデ　151
社会経済的地位　153, 154
社会契約論　87
社会的アイデンティティ　147, 173, 175, 181
社会不安　111
自由　7, 8
執着　114, 115, 119, 121, 122
重要な他者　89
主我　11
主観　4, 5, 6, 9
熟達のプロセス　49, 50, 53
主体　2, 5, 6, 7, 9, 11, 13
主体性　2, 3, 4, 5, 6, 7, 8, 9, 10, 11, 13, 14, 15, 16, 17
主体的自我　7
受動性　14
純粋な関係性　94
情動体験　141
職業指導　26
職業的アイデンティティ　26
女性性　59, 60, 67, 68
ジョブ型　93, 96
自律性　8, 22, 34
身体保持感　161
親密性　93, 95
心理社会的アイデンティティ　25
心理的アンドロジニー　59, 60, 68
心理臨床家　49
進路指導　26

ストレス調整　150

成人期へのトランジション　35
精神分析的個体発達分化の図式　47
青年期　89, 95

性別カテゴリー　58, 66, 67
性別職域分離　62, 63, 66, 68
世代継承性（generativity）　46, 47, 48, 49, 53, 55
Self-as-Object　114, 117
セルフモニタリング傾向　113
禅　185
宣言としてのアイデンティティ　177, 179, 182
前部帯状皮質　145, 146
前部島皮質　145, 146, 147
専門家アイデンティティ　44, 49, 50, 51, 52, 53, 54

想起　78, 79, 80, 81
早期完了　27
相互依存性の認知　154, 158
相互協調的自己観　10, 13, 35
相互独立的自己観　10, 35
想像するちから　156, 158

●た　行
対自関係　86, 87, 88, 89, 97
対象関係　22
対他関係　86, 88, 89, 97
第二次個体化プロセス　21, 22, 25
第二反抗期　21
多元化　97, 98, 102, 103
多元性得点　100, 101
多元的アイデンティティ　44, 179, 180
他者指向　90
脱中心化（decentering）　109, 113, 129, 132, 133, 134, 140
多面的ペルソナ　179, 180
多領域化　29, 30, 37
男性性　59, 60, 66, 67, 68

中心化 (centering) 129, 132, 133, 134, 139, 140, 141
中心化と脱中心化 129, 132, 133

伝統的性役割分業 64

同一化 25, 53
陶器職人 49, 51
トークニズム 66, 67

●な 行
内在化 53
内集団 146, 147, 151, 153, 160, 161
内集団ひいき 151, 153, 160
内的(本源的)自己 180
内的状態知覚 111, 113
内発的動機づけ 7, 8
内部指向 90, 98

二者的世界 15
日本型経営 92

●は 行
反すう 113
反省 113

仏教 108, 114, 115, 116, 117, 119, 121, 122, 123
フリーター 93
プロテウス人間 28
文化的自己観 35
文化的に適応した拡散型アイデンティティ 28, 29
分人主義 103
分離-個体化 43
分離-個体化プロセス 22

平均寿命 71, 72, 82
平静 123
ペルソナ 179, 180, 181

防衛 121
包括適応度 152
飽和した自己 28
ポジティブイリュージョン 120
本来の自己としてのアイデンティティ 182

●ま 行
マインドフルネス 108, 109, 110, 111, 114, 115, 121, 122, 123
マインドフルネスストレス低減法 109
マインドフルネス認知療法 110

me-self 114, 117, 118, 119, 122, 123
ミニマリスト心理的幸福感 35

無我 115, 116, 117, 123
無常 115, 116, 117
無償労働 64

メンバーシップ型 93, 96

物語 73, 74, 75, 78, 81, 129, 130
モラトリアム 90, 96, 97

●や 行
役割葛藤 30, 31
役割実験 25
役割取得 88

有能感 8

●ら 行

ライフコース　　72, 83
ライフサイクル　　25
ライフスタイル　　72, 83
ライフヒストリー　　73, 74, 75, 76, 77, 78, 79, 80, 81, 82, 83
ライフレビュー　　81

『リキッド・モダニティ』　　90
利他的行動　　145, 152, 153
了解心理学　　23
倫理　　102, 103

●わ 行

ワーク・ホーム・インタフェース　　63

執筆者プロフィール（執筆順）

中間玲子（なかま　れいこ）編者
　兵庫教育大学大学院学校教育研究科教授。専門は自己論，青年心理学。主に思春期から早期成人期にかけての自己意識の様相を検討し，自己形成の過程について探究している。最近は特に，社会文化的要因を考慮した発達研究を展開中。主著に，『自己形成の心理学』（風間書房），編著に『自尊感情の心理学』（金子書房）など。

溝上慎一（みぞかみ　しんいち）
　京都大学高等教育研究開発推進センター教授。大学院教育学研究科兼任。京都大学博士（教育学）。学校法人桐蔭学園教育顧問。専門は，青年心理学と高等教育。青年期における自己・アイデンティティ形成を研究している。主著に，『自己形成の心理学―他者の森をかけ抜けて自己になる』（世界思想社），『現代青年期の心理学―適応から自己形成の時代へ』（有斐閣選書）など。

岡本祐子（おかもと　ゆうこ）
　広島大学大学院教育学研究科心理学講座教授。教育学博士，臨床心理士。広島大学大学院教育学研究科博士課程後期修了。青年期以来，中年期の発達と危機を中心とした成人期のアイデンティティの発達臨床的研究に携わる。これまでのアイデンティティ研究・ライフサイクル研究により，アメリカ合衆国 Austen Riggs Center より，2012 年度 Erikson Scholar の称号を授与された。主著に，『プロフェッションの生成と世代継承―中年期の実りと次世代の育成』（ナカニシヤ出版），『アイデンティティ生涯発達論の展開―中年期の危機と心の深化』『アイデンティティ生涯発達論の射程』（ミネルヴァ書房）など。

安達智子（あだち　ともこ）
　大阪教育大学人間科学講座准教授。博士（教育学）。専門はキャリア発達とジェンダー。心理学にくわえて社会学的視点から，キャリア形成や適応，キャリア教育について探求している。最近は「空気を読む」人は働きすぎるか？など，日本人に特有の生き方や働き方について研究。主著に，『キャリア・コンストラクション　ワークブック』（金子書房）など。

野村晴夫（のむら　はるお）
　大阪大学大学院人間科学研究科准教授。博士（教育学）。臨床と調査の場で，主に中高年期から高齢期の生活史の語りを聴き取る仕事を通じて，過去を想起して語り，共有することの意味を探っている。主要論文は，「生活史面接後の『内なる語り』」心理臨床学研究，32，336-346，「クライエントの語りの構造」心理臨床学研究，24，347-357．など。

浅野智彦（あさの　ともひこ）
　東京学芸大学教育学部教授。東京大学大学院社会学研究科博士課程単位取得退学。専門は若者文化とアイデンティティ形成。主著に，『自己への物語論的接近』（勁草書房），『検証・若者の変貌』（編著，勁草書房），『若者とアイデンティティ』（編著，日本図書センター），『「若者」とは誰か』（河出書房新社）など。

伊藤義徳（いとう　よしのり）
　国立大学法人琉球大学教育学部准教授。専門は認知行動療法，認知臨床心理学，マインドフルネス。少年院でマインドフルネスを指導したり，「沖縄マインドフルネス瞑想会」を主催している。主著に，『子どもと青少年のためのマインドフルネス＆アクセプタンス：新世代の認知／行動療法実践ガイド』（明石書店）など。

森岡正芳（もりおか　まさよし）
　立命館大学総合心理学部教授。トラウマのケアや心身相関，家族関係，文化と癒し，霊性といった問題に，ナラティヴ（物語；語り），ドラマ，対話という視点から取り組んできた。理論や方法が一見異なる心理療法の各学派に共通する要因を探求している。主著に，『臨床ナラティヴアプローチ』（編著，ミネルヴァ書房），『うつし　臨床の詩学』（みすず書房），Remembering: A Story of Loss and Recovery of the Self. *Jung Journal: Culture & Psyche*. Vol.10-1, 96-103. など。

佐藤　徳（さとう　あつし）編者
　富山大学人間発達科学部教授。博士（心理学）。専門は，社会認知神経科学，実験心理学。現在は，対人インタラクションにより時間と空間の知覚がどのように変容するかを研究している。平成27年日本心理学会優秀論文賞受賞。主要論文は，Sato, A. & Itakura, S. Intersubjective action-effect binding. *Cognition*, 127, 383-390. など。

梶田叡一（かじた　えいいち）編者
　奈良学園大学長。京都大学文学部哲学科（心理学専攻）卒。文学博士。国立教育研究所主任研究官，日本女子大学助教授，大阪大学教授，京都大学教授，京都ノートルダム女子大学長，兵庫教育大学長，環太平洋大学長などを経て，現職。主著に，『不干斎ハビアンの思想』（創元社），『自己を生きるという意識』『意識としての自己』（金子書房），『和魂ルネッサンス』（あすとろ出版），『内面性の人間教育を』（ERP）など。

現代社会の中の自己・アイデンティティ

2016 年 8 月 25 日　初版第 1 刷発行　　　　　　　　　　　〔検印省略〕

編　者　梶田叡一・中間玲子・佐藤　徳
発行者　金子紀子
発行所　株式会社　金子書房
　　　　〒112-0012　東京都文京区大塚 3-3-7
　　　　TEL 03-3941-0111 (代)　FAX 03-3941-0163
　　　　URL　http://www.kanekoshobo.co.jp
　　　　振替　00180-9-103376
　　　　印刷／藤原印刷株式会社　製本／株式会社三水舎

©Eiichi Kajita, Reiko Nakama, Atsushi Sato et al. 2016　Printed in Japan
ISBN978-4-7608-2406-9　C3011